송 상 엽

지은이 송상엽은 대학에서 일어일문학을 전공하였으며, 국내 유수 기업체는 물론 어학원에서 수년간의 강사 경험을 바탕으로 일본어 교재 전문기획 프리랜서로 활동하고 있다. 지금은 랭컴출판사의 편집위원으로서 일본어 학습서 기획 및 저술 활동에 힘쓰고 있다.

독학, 일본어 회화1 따라쓰기

2024년 10월 10일 초판 1쇄 인쇄
2024년 10월 15일 초판 1쇄 발행

지은이 송상엽
발행인 손건
편집기획 김상배, 장수경
마케팅 최관호, 김재명
디자인 Purple
제작 최승용
인쇄 선경프린테크

발행처 *LanCom* 랭컴
주소 서울시 영등포구 영신로34길 19, 3층
등록번호 제 312-2006-00060호
전화 02) 2636-0895
팩스 02) 2636-0896
홈페이지 www.lancom.co.kr
이메일 elancom@naver.com

ⓒ 랭컴 2024
ISBN 979-11-7142-054-4 13730

따라쓰기만 해도 프리토킹에 강해진다!

일본어
회화 **1**
따라쓰기

송상엽 지음

LanCom
Language & Communication

들어가며

1. 직접 문장을 쓰면서 익히면 일본어 회화에 자신감을 가질 수 있습니다.

일본어 공부는 쓰기로 완성된다는 말도 있는 것처럼 쓰기는 굉장히 중요합니다. 이 책에서는 각 유닛의 기본 회화문마다 따라쓰기는 물론 직접 써볼 수 있는 공간을 마련했습니다. 눈으로 보고 귀로 듣는 것보다 손으로 직접 쓰는 것을 우리의 뇌가 훨씬 더 오래 기억한다는 것은 누구나 다 아는 사실입니다. 따라쓰기로 시작된 일본어 회화는 어느새 수동적인 일본어 학습자를 능동적인 일본어 회화 학습자로 바꾸어 자신의 생각을 자연스럽게 일본어로 표현하게 합니다.

2. 장면별로 구성하여 다양한 상황에 대응할 수 있습니다.

일상생활에서 일어날 수 있는 다양한 상황에 맞춰 바로 사용할 수 있도록 50개의 장면으로 분류하였습니다. 각 유닛은 6개의 기본표현과 대화문으로 꾸몄습니다. 고마울 때, 미안할 때 등의 감정표현을 비롯하여 시간, 날짜, 날씨 등은 물론이고 학교, 직장생활과 취미와 여가생활, 여행에서 쓸 수 있는 표현들을 필요할 때마다 바로 찾아 바로 쓸 수 있습니다.

3. 알기쉬운 친절하고 간략한 해설을 두어 이해를 돕도록 하였습니다.

각 유닛마다 회화문에 들어가기 전에 체크하도록 일본문화와 어법, 그리고 회화의 쓰임과 활용에 대해서 친절하게 설명하였습니다. 또한 기본 회화문과 대화문에서는 모든 문장에 단어 읽기와 뜻을 두었으며, 누구나 쉽게 이해할 수 있도록 간략한 어법 설명을 두었습니다.

4. 기본 회화문은 대화문을 통해 자연스럽게 응용할 수 있습니다

각 유닛마다 일상생활에 꼭 필요한 기본 회화문을 6개씩 두어 상황에 적용할 수 있도록 하였습니다. 기본 회화문을 충분히 연습한 다음 맞쪽에 있는 생생하고 자연스런 대화문을 통해 일상생활에서도 바로 응용할 수 있도록 하였습니다. 보고 듣고 쓰고 말하기를 꾸준히 반복하다 보면 다양한 회화문을 빠르게 익힐 수 있고, 읽기 능력과 말하기 능력도 함께 향상됩니다.

5. 일본인 발음을 통해 정확한 발음을 익힙니다

일본어 발음은 음절 수가 별로 많지 않기 때문에 비교적 다른 외국어에 비해 쉽다고 할 수 있습니다. 하지만 정확한 발음은 일본인의 녹음을 반복해서 듣는 것이 제일입니다. 이 책에서는 각 유닛마다 큐알코드를 두어 즉석에서 바로 동영상을 통한 일본인의 정확한 발음을 들을 수 있도록 하였습니다. 물론 본사(www.lancom.co.kr)에서 무료로 제공하는 녹음파일을 다운받아 충분히 활용할 수 있습니다. 참고로 책이 없이 들을 수 있도록 우리말 해석도 녹음하였습니다.

일러두기

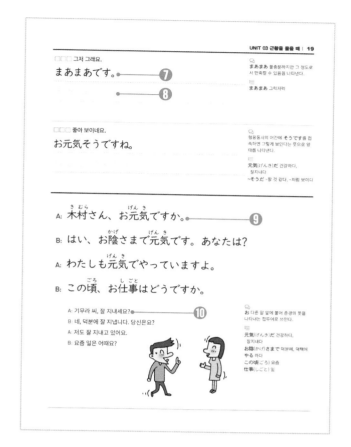

❶ 일상생활에서 일어날 수 있는 다양한 상황에 맞춰 즉석에서 바로 찾아 활용할 수 있도록 50개의 장면으로 분류하였습니다.

❷ 회화에 들어가기 전에 체크 포인트를 통해 일본문화와 어법, 그리고 회화의 쓰임과 활용에 대해서 친절하게 설명하였습니다.

❸ 스마트폰 카메라로 QR코드를 체크하면 동영상으로 우리말 해석과 일본인의 음성이 나옵니다. 큰소리로 따라읽으면서 정확한 발음을 익히시길 바랍니다.

❹ 각 패턴의 문장마다 어법 설명을 간략하게 두어 회화문을 잘 이해할 수 있습니다.

❺ 문장에 나오는 단어를 뜻과 함께 정리하였으며, 한자의 경우 요미가나(읽기)를 모두 풀이하였습니다.

❻ 모든 패턴은 일본어보다 우리말 해석을 먼저 두어 회화문을 한눈에 파악할 수 있습니다.

❼ 각 유닛마다 일상생활에 꼭 필요한 쉽고 간편한 기본 회화문을 6개씩 두어 충분히 상황에 적용할 수 있도록 하였습니다.

❽ 주어진 회화문은 먼저 따라쓰기를 할 수 있습니다. 따라쓰기를 마친 다음 큰소리로 읽으면서 쓰기에 도전할 수 있도록 빈줄을 마련했습니다.

❾ 기본화화를 쓰면서 익힌 다음 실제 대화에서는 어떻게 응용되는지 자연스러운 대화문을 통해 다시 확인할 수 있습니다.

❿ 대화문의 우리말 해석을 바로 확인할 수 있도록 그 밑에 두었습니다. 옆에는 대화문에 나오는 어법과 단어를 두어 문장 이해를 돕도록 했습니다.

□□□ 〈체크상자〉 일본어는 쓰기가 답이다!
1. 적혀 있는 그대로 읽으면서 따라쓰다.
2. 일본인의 정확한 발음을 들으면서 쓴다.
3. 문장을 최대한 머릿속에 떠올리면서 쓴다.

이 책의 내용

PART 01

인사
감정
의사 표현

02 PART

화제
취미
여가 표현

🔊 히라가나와 가타카나

일본어 문자 표기에는 히라가나, 가타카나, 한자, 이 세 가지를 병용해서 사용합니다. 히라가나는 인쇄나 필기 등의 모든 표기에 쓰이는 기본 문자이며, 가타카나는 주로 외래어를 표기할 때 사용합니다. *가타카나는 별색으로 표시하였습니다.

あ ア 아 a	い イ 이 i	う ウ 우 u	え エ 에 e	お オ 오 o
か カ 카 ka	き キ 키 ki	く ク 쿠 ku	け ケ 케 ke	こ コ 코 ko
さ サ 사 sa	し シ 시 si	す ス 스 su	せ セ 세 se	そ ソ 소 so
た タ 타 ta	ち チ 치 chi	つ ツ 츠 tsu	て テ 테 te	と ト 토 to
な ナ 나 na	に ニ 니 ni	ぬ ヌ 누 nu	ね ネ 네 ne	の ノ 노 no
は ハ 하 ha	ひ ヒ 히 hi	ふ フ 후 h(f)u	へ ヘ 헤 he	ほ ホ 호 ho
ま マ 마 ma	み ミ 미 mi	む ム 무 mu	め メ 메 me	も モ 모 mo
や ヤ 야 ya		ゆ ユ 유 yu		よ ヨ 요 yo
ら ラ 라 ra	り リ 리 ri	る ル 루 ru	れ レ 레 re	ろ ロ 로 ro
わ ワ 와 wa				を ヲ 오 o
ん ン 응 n,m,ng				

🔊 탁음과 반탁음

か さ た は행의 글자 오른쪽 윗부분에 탁점(゙)을 붙인 음을 탁음이라고 하며, 반탁음은 は행의
오른쪽 윗부분에 반탁점(゚)을 붙인 것을 말합니다.

が ガ 가 ga	ぎ ギ 기 gi	ぐ グ 구 gu	げ ゲ 게 ge	ご ゴ 고 go
ざ ザ 자 za	じ ジ 지 zi	ず ズ 즈 zu	ぜ ゼ 제 ze	ぞ ゾ 조 zo
だ ダ 다 da	ぢ ヂ 지 zi	づ ヅ 즈 zu	で デ 데 de	ど ド 도 do
ば バ 바 ba	び ビ 비 bi	ぶ ブ 부 bu	べ ベ 베 be	ぼ ボ 보 bo
ぱ パ 파 pa	ぴ ピ 피 pi	ぷ プ 푸 pu	ぺ ペ 페 pe	ぽ ポ 포 po

🔊 발음

ん은 단어의 첫머리에 올 수 없으며 항상 다른 글자 뒤에 쓰여 우리말의 받침과 같은 구실을 합니
다. ん 다음에 오는 글자의 영향에 따라 다음과 같은 소리가 납니다.

ㅇ ん(ン) 다음에 か が행의 글자가 이어지면 「ㅇ」으로 발음한다.
　　えんき [엥끼] 연기　　　　　　　　ミンク [밍꾸] 밍크

ㄴ ん(ン) 다음에 さ ざ た だ な ら행의 글자가 이어지면 「ㄴ」으로 발음한다.
　　かんし [간시] 감시　　　　　　　　はんたい [한따이] 반대
　　ヒント [힌또] 힌트　　　　　　　　パンダ [판다] 팬더

ㅁ ん(ン) 다음에 ま ば ぱ행의 글자가 이어지면 「ㅁ」으로 발음한다.
　　あんま [암마] 안마　　　　　　　　テンポ [템뽀] 템포

ㅇ ん(ン) 다음에 あ は や わ행의 글자가 이어지면 「ㄴ」과 「ㅇ」의 중간음으로 발음한다.
　　또한 단어 끝에 ん이 와도 마찬가지이다.
　　れんあい [렝아이] 연애　　　　　　にほん [니홍] 일본

◀》 요음

요음이란 い단 글자 중 자음에 반모음의 작은 글자 ゃゅょ를 붙인 음으로 우리말의 ㅑ ㅠ ㅛ 같은 역할을 합니다.

きゃ キャ 캬 kya	きゅ キュ 큐 kyu	きょ キョ 쿄 kyo
しゃ シャ 샤 sha(sya)	しゅ シュ 슈 shu(syu)	しょ ショ 쇼 sho(syo)
ちゃ チャ 챠 cha(tya)	ちゅ チュ 츄 chu(tyu)	ちょ チョ 쵸 cho(tyo)
にゃ ニャ 냐 nya	にゅ ニュ 뉴 nyu	にょ ニョ 뇨 nyo
ひゃ ヒャ 햐 hya	ひゅ ヒュ 휴 hyu	ひょ ヒョ 효 hyo
みゃ ミャ 먀 mya	みゅ ミュ 뮤 myu	みょ ミョ 묘 myo
りゃ リャ 랴 rya	りゅ リュ 류 ryu	りょ リョ 료 ryo
ぎゃ ギャ 갸 gya	ぎゅ ギュ 규 gyu	ぎょ ギョ 교 gyo
じゃ ジャ 쟈 zya(ja)	じゅ ジュ 쥬 zyu(ju)	じょ ジョ 죠 zyo(jo)
びゃ ビャ 뱌 bya	びゅ ビュ 뷰 byu	びょ ビョ 뵤 byo
ぴゃ ピャ 퍄 pya	ぴゅ ピュ 퓨 pyu	ぴょ ピョ 표 pyo

🔊 촉음

촉음은 つ를 작을 글자 っ로 표기하며 뒤에 오는 글자의 영향에 따라 우리말 받침의 ㄱ ㅅ ㄷ ㅂ으로 발음합니다.

ㄱ   촉음인 っ(ッ) 다음에 か き く け こ가 이어지면 「ㄱ」으로 발음한다.

     けっか [겍까] 결과   **サッカー** [삭까ー] 사커, 축구

ㅅ   촉음인 っ(ッ) 다음에 さ し す せ そ가 이어지면 「ㅅ」으로 발음한다.

     さっそく [삿소꾸] 속히, 재빨리   **クッション** [쿳숑] 쿠션

ㅂ   촉음인 っ(ッ) 다음에 ぱ ぴ ぷ ぺ ぽ가 이어지면 「ㅂ」으로 발음한다.

     いっぱい [입빠이] 가득   **ヨーロッパ** [요ー롭빠] 유럽

ㄷ   촉음인 っ(ッ) 다음에 た ち つ て と가 이어지면 「ㄷ」으로 발음한다.

     きって [긷떼] 우표   **タッチ** [탇찌] 터치

*이 책에서는 ㄷ으로 발음하는 경우는 편의상 ㅅ으로 표기하였다.

🔊 장음

장음이란 같은 모음이 중복될 때 앞의 발음을 길게 발음하는 것을 말합니다. 카타카나에서는 장음부호를 ー로 표기합니다.

あ   あ단에 모음 あ가 이어질 경우 뒤의 모음인 あ는 장음이 된다.

     おかあさん [오까ー상] 어머니   **スカート** [스까ー또] 스커트

い   い단에 모음 い가 이어질 경우 뒤의 모음인 い는 장음이 된다.

     おじいさん [오지ー상] 할아버지   **タクシー** [타꾸시ー] 택시

う   う단에 모음 う가 이어질 경우 뒤의 모음인 う는 장음이 된다.

     くうき [쿠ー끼] 공기   **スーパー** [스ー빠ー] 슈퍼

え   え단에 모음 え나 い가 이어질 경우 뒤의 모음인 え와 い는 장음이 된다.

     おねえさん [오네ー상] 누님, 누나   **えいが** [에ー가] 영화

お   お단에 모음 お나 う가 이어질 경우 뒤의 모음인 お와 う는 장음이 된다.

     こおり [코ー리] 얼음   **とうふ** [토ー후] 두부

따라쓰기만 해도 프리토킹에 강해진다!

PART

01

Hi~

인사 · 감정 · 의사
표현

UNIT 01

인사할 때

우리는 일상적으로 만났을 때 '안녕하세요'라고 하지만, 일본에서는 아침에 일어나서 점심때까지는 おはようございます라고 하며, 친근한 사이에서는 줄여서 おはよう만으로 인사를 합니다. 낮부터 저녁때까지는 こんにちは라고 하며, 해가 지고 어두워지면 こんばんは로 인사를 나눕니다. 그리고 밤에 헤어질 때는 おやすみなさい(안녕히 주무세요)라고 합니다.

□□□ 안녕하세요.(아침)

おはようございます。

おはようございます。

아침에 만났을 때 하는 가장 기본적인 인사이다.

はや(早)い 이르다, 빠르다

□□□ 안녕. (아침)

おはよう。

おはよう。

친구나 아랫사람 등, 직장 동료간에 하는 간편한 인사이다.

□□□ 안녕하세요. (낮)

こんにちは。

こんにちは。

は는 조사이므로 '하'로 발음하지 않고 '와'로 발음한다.

こんにち(今日) 오늘

□□□ 안녕하세요. (저녁)

こんばんは。

こんばんは。

は는 조사이므로 '하'로 발음하지 않고 '와'로 발음한다.

こんばん(今晩) 오늘밤

□□□ 날씨가 좋네요.

いい天気ですね。

いい天気ですね。

いい 좋다
天気(てんき) 날씨

□□□ 안녕히 주무세요.

お休みなさい。

お休みなさい。

밤에 헤어질 때나 잠들기 전에 하는 인사말이다.

休(やす)む 쉬다

A: 山田(やまだ)さん、こんにちは。

B: ああ、木村(きむら)さん、こんにちは。お出(で)かけですか。

A: ええ、ちょっと用事(ようじ)で。お忙(いそが)しいですか。

B: まあまあです。

A: 야마다 씨, 안녕하세요?
B: 아, 기무라 씨, 안녕하세요. 외출하십니까?
A: 예, 좀 볼일이 있어서. 바쁘십니까?
B: 그저 그렇습니다.

お~です는 존경을 나타내는 표현으로 상대의 행동이나 행위를 물을 때 주로 쓰인다.
出かけますか(나갑니까?) →
お出かけですか(나가십니까?)

ああ 아(감탄사)
出(で)かける 나가다, 외출하다
ちょっと 좀, 잠깐
用事(ようじ) 용무, 볼일
忙(いそが)しい 바쁘다
まあまあ 그럭저럭

UNIT 02

외출할 때

외출을 하거나 출근할 때 집에 있는 사람에게 다녀오겠다고 인사를 할 때는 行って きます라고 하며, 더욱 정중하게 말할 때는 行ってまいります라고 합니다. 이에 대한 대답으로 잘 다녀오라고 할 때는 行っていらっしゃい라고 합니다. 귀가를 했을 때는 ただいま라고 인사를 하면 おかえりなさい라고 하며 반갑게 맞이합니다.

□□□ 다녀올게요.

行ってきます。

行ってきます。

밖에 나가는 사람이 안에 있는 사람에게 하는 인사이다.

行(い)く 가자
来(く)る 오다

□□□ 다녀오겠습니다.

行って参ります。

行って参ります。

行ってきます보다 정중하게 인사할 때 쓰이는 표현이다.

行(い)く 가자
参(まい)る 오다, 가다(겸양어)

□□□ 잘 다녀오세요.

行っていらっしゃい。

行っていらっしゃい。

안에 있는 사람이 밖에 나가는 사람에 하는 인사로 줄여서 いってらっしゃい라고도 한다.

行(い)く 가자
いらっしゃる 가시다, 오시다, 계시다(존경어)

□□□ 다녀왔습니다.

ただいま。

ただいま。

ただいま는 본래 '방금, 이제 막' 이라는 뜻의 부사어이지만, 밖에서 들어오는 사람이 안에 있는 사람에게 하는 인사말로 굳어진 표현이다.

ただいま 방금

□□□ 어서 오세요.

お帰りなさい。

お帰りなさい。

밖에서 집으로 돌아오는 사람에게
하는 인사이다.

帰(かえ)る 돌아가(오)다

□□□ 조심해서 다녀와요.

気をつけてね。

気をつけてね。

~てね는 요구를 나타내는 ~てくだ
さい를 줄여서 쓴 형태이다.

気(き)をつける 조심하다,
　주의하다

A: 行っていらっしゃい。

B: 行って参ります。

A: ただいま。

B: お帰りなさい。

A: 다녀오세요.
B: 다녀올게요.
A: 다녀왔어요.
B: 어서 오세요.

行(い)く 가자
いらっしゃる 가시다, 오시다, 계
　시다(존경어)
参(まい)る 오다, 가다(겸양어)
ただいま 방금
帰(かえ)る 돌아가(오)다

UNIT 03

근황을 물을 때

お元気ですか는 영화를 통해 우리에게 잘 알려진 인사말로 상대의 안녕을 묻는 표현입니다. 대답할 때는 はい、元気です라고 하면 됩니다. 또한, 근황에 대해 물을 때는 건강뿐만 아니라 사업, 가족, 하는 일 등 다양하게 물어볼 수 있습니다. 그저 아주 잘 지내는 정도는 아니지만 그럭저럭 잘 지내고 있다고 대답할 때는 まあまあです라고 합니다.

□□□ 잘 지내시죠?

お元気ですか。

お元気ですか。

상대방의 안녕이나 건강을 물을 때 하는 인사말이다.

元気(げんき)**だ** 건강하다,
　잘지내다

□□□ 별일 없으세요?

お変わりありませんか。

お変わりありませんか。

그 동안의 안부를 물을 때 주로 쓰이는 인사말이다.

変(か)**わる** 변하다, 바뀌다 →
変わり 이상, 별고, 다름

□□□ 요즘 어떠신가요?

この頃はいかがですか。

この頃はいかがですか。

いかがですか는 どうですか보다 정중한 표현이다.

この頃(ごろ) 요즘
いかが 어떻게

□□□ 일은 어떠세요?

仕事はどうですか。

仕事はどうですか。

상대에게 하고 있는 일이 어떤지 묻는 말이다.

仕事(しごと) 일
どう 어떻게

□□□ 그저 그래요.

まあまあです。

まあまあです。

まあまあです。

💬 まあまあ 불충분하지만 그 정도로서 만족할 수 있음을 나타낸다.

≣ まあまあ 그럭저럭

□□□ 좋아 보이네요.

お元気そうですね。

お元気そうですね。

お元気そうですね。

💬 형용동사의 어간에 **そうです**를 접속하면 그렇게 보인다는 뜻으로 양태를 나타낸다.

≣ 元気(げんき)だ 건강하다,
  잘지내다
~そうだ ~할 것 같다, ~처럼 보이다

A: <ruby>木村<rt>き むら</rt></ruby>さん、お<ruby>元気<rt>げん き</rt></ruby>ですか。

B: はい、お<ruby>陰<rt>かげ</rt></ruby>さまで<ruby>元気<rt>げん き</rt></ruby>です。あなたは?

A: わたしも<ruby>元気<rt>げん き</rt></ruby>でやっていますよ。

B: この<ruby>頃<rt>ごろ</rt></ruby>、お<ruby>仕事<rt>し ごと</rt></ruby>はどうですか。

A: 기무라 씨, 잘 지내세요?

B: 네, 덕분에 잘 지냅니다. 당신은요?

A: 저도 잘 지내고 있어요.

B: 요즘 일은 어때요?

💬 お 다른 말 앞에 붙어 존경의 뜻을 나타내는 접두어로 쓰인다.

≣ 元気(げんき)だ 건강하다,
  잘지내다
お陰(かげ)さまで 덕분에, 덕택에
やる 하다
この頃(ごろ) 요즘
仕事(しごと) 일

UNIT 04

처음 만났을 때

はじめまして는 처음 사람을 만났을 때 하는 관용적인 인사표현으로 뒤에 どうぞ
よろしく를 덧붙여 말하는 것이 정형화되어 있습니다. どうぞよろしく는 뒤에 お
願いします(부탁드립니다)를 줄여서 표현한 것으로 상대에게 뭔가를 부탁을 할 때
도 쓰이지만, 단순히 습관적인 인사치레로 쓰이는 경우가 많습니다.

□□□ 처음 뵙겠습니다.

はじめまして。

はじめまして。

정중하게 말할 때는 뒤에 どうぞよ
ろしく를 붙인다.

はじめて 처음으로

□□□ 잘 부탁합니다.

どうぞよろしく。

どうぞよろしく。

'부탁드립니다'는 뜻의 お願いしま
す를 줄인 형태로 많이 쓰인다.

どうぞ 부디
よろしく 잘

□□□ 저야말로 잘 부탁합니다.

こちらこそどうぞよろしく。

こちらこそどうぞよろしく。

こちら는 방향을 나타내는 말이지
만 상대방에게 자신을 가리키는 말
로도 쓰인다.

こちら 이쪽, 나
~こそ ~이야말로
どうぞ 부디
よろしく 잘

□□□ 잘 부탁드립니다.

どうぞよろしくお願いします。

どうぞよろしくお願いします。

お~する는 겸양을 나타내는 표현이
다. 願います(부탁합니다) → お願
いします(부탁드립니다)

どうぞ 부디
よろしく 잘
願(ねが)う 원하다, 바라다

□□□ 뵙게 되어 기쁩니다.

お目にかかれて嬉しいです。

お目にかかれて嬉しいです。

💬 おめにかかる는 '뵙다'의 뜻으로 みる(보다)의 겸양어이다.

お目(め)にかかる 뵙다
かかれる かかる의 가능형
嬉(うれ)しい 기쁘다

□□□ 뵙게 되어 영광입니다.

お目にかかれて光栄です。

お目にかかれて光栄です。

💬 일본어에서는 '영광'을 우리와 반대로 光栄으로 말한다.

お目(め)にかかる 뵙다
光栄(こうえい)だ 영광이다

A: 吉村(よしむら)さん、こちらは田中(たなか)さんです。

B: はじめまして。田中(たなか)です。どうぞよろしく。

A: こちらこそ、どうぞよろしく。

B: お会(あ)いできて嬉(うれ)しいです。

A: 요시무라 씨, 이분은 다나카 씨입니다.
B: 처음 뵙겠습니다. 다나카입니다. 잘 부탁합니다.
A: 저야말로 잘 부탁합니다.
B: 만나서 반갑습니다.

💬 お会いできる(만날 수 있다)는 겸양 표현인 お会いする(만나다)의 가능표현이다.

こちら 이쪽, 나
はじめて 처음으로
どうぞ 부디
よろしく 잘
会(あ)う 만나다
嬉(うれ)しい 기쁘다

오랜만에 만났을 때

아는 일본인을 오랜만에 만났을 때의 인사표현으로 おひさしぶりですね가 있습니다. 이에 대한 인사로 아랫사람이라면 간단히 ひさしぶりだね라고 하면 됩니다. 참고로 잠깐 헤어졌다가 만날 때는 しばらくでした라고 합니다. 그 동안 어떻게 지냈는지 물을 때는 その後どうでしたか라고 하면 되고, 덕분에 잘 지냈다고 할 때는 おかげさまで라고 하면 됩니다.

□□□ 오랜만이군요.

お久しぶりですね。

お久しぶりですね。

~ぶり는 시간의 경과를 나타내는 말에 붙어 '~만에'의 뜻을 나타낸다.

久(ひさ)しい 오래다, 오래되다
~ぶり ~만에

□□□ 오래간만입니다.

しばらくでした。

しばらくでした。

しばらく는 짧은 시간밖에 지나지 않은 모습을 나타내는 말이다.

しばらく 오래간만, 오랫동안,
 당분간

□□□ 오랫동안 격조했습니다.

長らくごぶさたしております。

長らくごぶさたしております。

오랫동안 소식이 없었음을 사죄하는 표현이다.

長(なが)らく 오랫동안; 오래
ごぶさた 오랫동안 격조함, 무소식

□□□ 뵙고 싶었어요.

お会いしたかったんです。

お会いしたかったんです。

お会いする는 会う(만나다)의 겸양표현이다.

会(あ)う 만나다
~たい ~하고 싶다

□□□ 그동안 어떻게 지냈어요?

その後どうでしたか。

その後(ご) 그 뒤(후)
どう 어떻게

□□□ 별고 없으셨지요?

お変わりありませんでしたか。

그 동안의 안부를 물을 때 하는 인사 말이다.

変(か)わる 바뀌다, 변하다 →
変わり 이상, 별고, 다름

A: やあ、お久(ひさ)しぶりですね。

B: お久(ひさ)しぶりです。お元気(げんき)でしたか。

A: はい、元気(げんき)でした。いかがですか。

B: この頃(ごろ)、ちょっと忙(いそが)しかったんです。

A: 야, 오랜만이네요.

B: 오랜만입니다. 잘 지내셨습니까?

A: 네, 잘 지냈습니다. 어떻게 지내세요?

B: 요즘 좀 바빴습니다.

やあ 사람을 부를 때 또는 놀랐을 때에 내는 말이다.

久(ひさ)しい 오래다, 오래되다
~ぶり ~만에
元気(げんき)だ 잘 지내다
いかが 어떻게
この頃(ごろ) 요즘
ちょっと 좀, 약간
忙(いそが)しい 바쁘다

▼ 우리말 해석을 보고 빈칸에 알맞는 일본어를 써넣으세요.

01. 안녕하세요. (아침)

　□□□□ ございます。

02. 안녕하세요. (낮)

　□□□□ は。

03. 다녀왔습니다.

　□□□□ 。

04. 어서 오세요.

　お帰り □□□ 。

05. 잘 지내시죠?

　お □□ ですか。

06. 별일 없으세요?

　□□□□ ありませんか。

07. 처음 뵙겠습니다.

　□□□ まして。

08. 잘 부탁합니다.

　どうぞ □□□□ 。

09. 오랜만이군요.

　□□□□□ ですね。

10. 별고 없으셨지요?

　□□□□ ありませんでしたか。

▼ 대화 내용의 우리말 해석을 보고 밑줄에 일본어로 써보세요.

A: 山田さん、こんにちは。

B: ああ、木村さん、＿＿＿＿＿＿＿＿＿＿＿

A: 야마다 씨, 안녕하세요?
B: 아, 기무라 씨, 안녕하세요. 외출하십니까?

A: ＿＿＿＿＿＿＿＿＿＿＿

B: 行って参ります。

A: 다녀오세요.
B: 다녀올게요.

A: 木村さん、＿＿＿＿＿＿＿＿

B: はい、お陰さまで元気です。あなたは?

A: 기무라 씨, 잘 지내세요?
B: 네, 덕분에 잘 지냅니다. 당신은요?

A: 吉村さん、こちらは田中さんです。

B: はじめまして。田中です。＿＿＿＿＿＿

A: 요시무라 씨, 이분은 다나카 씨입니다.
B: 처음 뵙겠습니다. 다나카입니다. 잘 부탁합니다.

A: やあ、お久しぶりですね。

B: お久しぶりです。＿＿＿＿＿＿＿＿

A: 야, 오랜만이네요.
B: 오랜만입니다. 잘 지내셨습니까?

UNIT 06

헤어질 때

일상적으로 만나고 헤어질 때는 じゃ、またあした(그럼, 내일 봐요)라고 인사를 나누며 헤어집니다. 그러나 さようなら는 본래 それでは의 문어체로 현대어서는 작별할 때 쓰이는 인사말로 굳어진 형태입니다. 따라서 이것은 매일 만나는 사람과는 쓰지 않으며 오랫동안 헤어질 때 쓰이는 작별인사입니다. 이것을 줄여서 さよなら라고도 합니다.

□□□ 안녕히 가세요(계세요).

さようなら。

さようなら。

> さようなら는 오랫동안 헤어질 때 쓰는 인사말이다. 줄여서 さよなら라고도 한다.

□□□ 안녕히 가세요.

ご機嫌よう。

ご機嫌よう。

> 만났을 때나 헤어질 때의 인사말; 안녕하십니까; 안녕히 가(계)십시오
> ご機嫌은 흔히 ご를 붙여서 기분이 좋음을 나타낸다.
>
> 機嫌(きげん) 기분, 비위, 심기

□□□ 그럼, 또 내일 봐요.

では、またあした。

では、またあした。

> 매일 만나고 헤어질 때 쓰는 가벼운 인사말이다.
>
> では 그럼
> また 또
> あした(明日) 내일

□□□ 그럼, 또 봐.

じゃ、またね。

じゃ、またね。

> 늘상 만나는 사람끼리 헤어질 때 가볍게 하는 인사말로 뒤에 만나자를 말을 줄여 쓴 형태이다.
>
> じゃ 그럼(では의 줄임말)
> また 또, 다시

□□□ 또 만나요.

また会いましょう。

また会いましょう。

-ましょう는 -ます의 '~합시다'의 뜻으로 뭔가의 행동을 권유할 때 쓰인다.

また 또, 다시
会(あ)う 만나다

□□□ 모두에게 안부 전해 주세요.

皆さまによろしく。

皆さまによろしく。

뒤에 よろしくお願いします가 생략된 형태의 안부 인사말이다.

皆(みな)さま 여러분
よろしく 잘

A: そろそろおいとまします。

B: あ、もう10時じゅうじですか。

A: 今日きょうは本当ほんとうに楽たのしかったです。

B: わたしもです。さようなら。

A: 이만 가 봐야겠어요.
B: 어, 벌써 10시인가요?
A: 오늘은 정말 즐거웠어요.
B: 저도 즐거웠습니다. 안녕히 가세요.

そろそろ 슬슬
おいとまする 작별하다, 물러가다
もう 벌써, 이미
今日(きょう) 오늘
本当(ほんとう)に 정말로
楽(たの)しい 즐겁다

UNIT 07

고마울 때

일본어로 고마움을 나타낼 때 가장 일반적인 말은 ありがとうございます입니다. 친근한 사이에서는 줄여서 ありがとう만으로도 사용합니다. 또한 상대의 친절한 행위나 말에 대한 대해서 고마움을 나타낼 때는 ~にありがとう로 표현하며 이에 대한 응답 표현으로는 どういたしまして(천만에요), こちらこそ(저야말로) 등이 있습니다.

□□□ 고마워요.

ありがとう。

ありがとう。

> 가볍게 고마움을 나타낼 때 쓰는 말이다.
>
> **ありがたい** 고맙다

□□□ 대단히 고맙습니다.

どうもありがとうございます。

どうもありがとうございます。

> 정중하게 고마움을 나타낼 때 쓰는 말이다.
>
> **どうも** 무척, 대단히
> **ありがたい** 감사하다, 고맙다
> **ございます** ~입니다

□□□ 그동안 감사했습니다.

今までありがとうございました。

今までありがとうございました。

> **ございます**가 형용사에 접속할 때는 어미 **い**가 **う**로 음편을 한다.
>
> **今(いま)まで** 지금까지

□□□ 여러 가지로 신세가 많았습니다.

いろいろお世話になりました。

いろいろお世話になりました。

> **お世話になる** 신세를 지다
>
> **いろいろ** 여러 가지
> **世話**(せわ) 도와줌, 보살핌
> **~になる** ~하게 되다, ~해지다

□□□ 천만에요.

どういたしまして。

どういたしまして。

どういたしまして。

상대방의 말을 부정하여 겸손을 나타낼 때 하는 인사말이다. '천만의 말씀(입니다), 별말씀을 다 하십니다'

□□□ 저야말로.

こちらこそ。

こちらこそ。

こそ는 어떤 사물을 다른 것과 구별하여 특히 내세워 강조하는 뜻을 나타낸다.

こちら 이쪽, 저
~こそ ~이야말로

A: ご親切(しんせつ)に、ありがとうございました。

B: お役(やく)に立(た)てて、嬉(うれ)しいです。

A: 本当(ほんとう)に感謝(かんしゃ)しています。

B: どういたしまして。もし何(なに)かあったらこちらへ 連絡(れんらく)してください。

A: 친절을 베풀어주셔서 감사했습니다.
B: 도움이 되어 기쁩니다.
A: 정말 감사합니다.
B: 천만에요.
　 만약 무슨 일이 있으면
　 저에게 연락주세요.

たら는 가정조건을 나타낼 때 쓰이는 접속조사이다. ある(있다) → あったら(있다면)

親切(しんせつ)だ 친절하다
役(やく)に立(た)つ 도움이 되다
嬉(うれ)しい 기쁘다
本当(ほんとう)に 정말로
感謝(かんしゃ)する 감사하다
もし 만약
何(なに)か 무언가
連絡(れんらく)する 연락하다

UNIT 08

미안할 때

일본인은 어렸을 때부터 남에게 폐를 끼치지 말라고 교육을 받은 탓에 상대에게 피해라고 여겨지면 실례나 사죄의 말이 입에서 자동으로 나올 정도입니다. 상대방에게 실수나 잘못을 했을 때는 보통 すみません, ごめんなさい가 가장 일반적이며, 이에 대한 응답 표현으로 いいですよ, かまいませんよ, 大丈夫です 등이 있습니다.

□□□ 미안해요.

ごめんなさい。

ごめんなさい。

자신의 잘못이나 무례를 사과하는 말: 미안합니다, 죄송합니다
다른 집을 방문하거나 나올 때 하는 인사말: 실례합니다, 계세요, 안녕히 계세요

□□□ 죄송합니다.

申しわけありません。

申しわけありません。

정중하게 사죄를 할 때 쓰인다

もうしわけない 미안하다, 면목 없다, 변명할 여지가 없다

□□□ 늦어서 미안해요.

遅れてすみません。

遅れてすみません。

~てすみません ~해서 미안합니다

遅(おく)れる
すまない 미안하다

□□□ 기다리게 해서 죄송합니다.

お待たせしてすみませんでした。

お待たせしてすみませんでした。

またせる는 '기다리게 하다'의 뜻으로 **まつ**의 사역형이다.

待(ま)つ 기다리다

□□□ 실례했습니다.

失礼しました。

失礼しました。

失礼는 가벼운 사죄나 부탁, 작별할 때, 남에게 물을 때 등에 쓰는 인사 말이다.

失礼(しつれい)する 실례하다

□□□ 괜찮아요.

いいんですよ。

いいんですよ。

상대가 사죄나 사과를 할 때 가볍게 하는 응답 표현이다.

いい 좋다

A: あっ、ごめんなさい。大丈夫ですか。

B: ええ、わたしは大丈夫です。

A: 本当にごめんなさい。

B: そんなこといいですよ。

A: 앗, 미안해요. 괜찮아요?

B: 예, 저는 괜찮아요.

A: 정말로 죄송해요.

B: 그러실 거 없어요.

あっ 앗(위험한 때, 감동했을 때, 놀 랐을 때 등에 내는 소리)
大丈夫(だいじょうぶ)だ 괜찮다, 걱정없다
本当(ほんとう)に 정말로
そんな 그런
こと 일, 것
いい 좋다

축하할 때

おめでとう는 가장 일반적인 축하 표현이지만 좋은 결과에 대해 칭찬을 할 때도 쓰입니다. 정중하게 말할 때는 おめでとうございます라고 합니다. 본래 おめでとう는 めでたい(경사스럽다)에 ございます가 접속되어 う음편을 한 형태입니다. 축하에 대한 응답으로는 ありがとう나 おかげさまで(덕분에) 등이 있습니다.

□□□ 축하해요.

おめでとう。

おめでとう。

친근한 사이끼리 가볍게 축하할 때 쓰이는 말이다.

めでたい 경사스럽다

□□□ 축하합니다.

おめでとうございます。

おめでとうございます。

정중하게 축하를 하는 인사이다.

めでたい 경사스럽다
ございます ある(있다)와 である (이다)의 공손한 말

□□□ 진심으로 축하드립니다.

こころからお祝い申し上げます。

こころからお祝い申し上げます。

격식을 차려 진심으로 축하할 때 쓰이는 말이다.

こころから 진심으로
祝(いわ)う 축하하다
申(もう)し上(あ)げる 말씀드리다

□□□ 생일 축하해.

お誕生日おめでとう。

お誕生日おめでとう。

おめでとう는 생일 등 경사나 신년 등을 축하할 때도 쓰인다.

お誕生日(たんじょうび) 생일

□□□ 축하해요. 다행이네요.

おめでとう。よかったですね。

おめでとう。よかったですね。

よかったは よい(좋다)의 과거형이지만 '다행이다, 잘됐다'의 뜻으로 많이 쓰인다.

よい 좋다

□□□ 당신 덕분입니다.

あなたのお陰です。

あなたのお陰です。

お陰(かげ) 덕택, 덕분

A: ご昇進、おめでとうございます。

B: ありがとうございます。どこで聞いたんですか。

A: 山田さんから聞きました。いいですね。

B: とんでもないです。明日、おごりましょう。

A: 승진을 축하해요.

B: 고맙습니다. 어디서 들었어요?

A: 야마다 씨한테서 들었어요. 좋겠군요.

B: 당치도 않아요. 내일 한턱낼게요.

-ましょうは -ます의 권유형으로 권유를 나타낼 뿐만 아니라 '~하겠습니다'의 뜻으로 의지를 나타내기도 한다.

昇進(しょうしん) 승진
どこ 어디
聞(き)く 듣다
とんでもない 터무니없다, 당치도 않다, 어처구니없다
明日(あした) 내일
おごる 한턱내다, 사치하다

UNIT 10

환영할 때

가게에 들어서면 점원이 いらっしゃいませ라고 큰소리로 맞이하는 것을 많이 볼 수가 있습니다. 손님을 맞이하며 집으로 안내할 때는 どうぞお入りください라고 합니다. 방문객을 맞이할 때 하는 환영의 인사말로는 보통 우리말의 '잘 오셨습니다' 에 해당하는 よくいらっしゃいました나 おいでくださいました를 생략하여 ようこそ만으로 많이 쓰입니다.

□□□ 어서 오세요!

いらっしゃい!

いらっしゃい!

> いらっしゃいませ를 줄인 형태로 환영할 때 쓰인다.
>
> いらっしゃる 오시다, 가시다, 계시다

□□□ 자 들어오십시오!

どうぞお入りください!

どうぞお入りください!

> お~ください 정중하게 요구할 때 쓰이는 표현이다.
> 入ってください(들어오세요) →
> お入りください(들어오십시오)
>
> どうぞ 부디
> 入(はい)る 들어오(가)다

□□□ 대환영입니다.

大歓迎です。

大歓迎です。

> 大歓迎(だいかんげい) 대환영

□□□ 잘 오셨습니다.

ようこそおいでくださいました。

ようこそおいでくださいました。

> ようこそ 상대의 방문을 환영할 때 쓰는 말이다.
>
> ようこそ 정말, 잘
> おいで 오시다, 가시다, 계시다

□□□ 진심으로 환영합니다.

こころより歓迎いたします。

こころより歓迎いたします。

💬 いたすは するの 겸양어로 자신의 행위를 낮추어 말할 때 쓰인다.

📋 こころ(心) 마음
こころより 진심으로
歓迎(かんげい)する 환영하다

□□□ 꼭 오십시오.

ぜひ、いらしてください。

ぜひ、いらしてください。

💬 いらしては いらっしゃっての 줄임말이다.

📋 ぜひ 꼭, 제발
いらっしゃる 오시다, 가시다, 계시다

A: ようこそ韓国(かんこく)へ。

B: はい、どうも。

A: どこへ行(い)ってみたいですか。

B: まず、明洞(ミョンドン)へ行(い)ってみたいですね。

A: 한국에 오신 것을 환영합니다.
B: 네, 감사합니다.
A: 어디에 가보고 싶습니까?
B: 먼저 명동에 가보고 싶군요.

💬 どうもは どうもすみません(정말 미안합니다), どうもありがとう(참으로 고맙습니다), どうも失礼しました(매우 실례했습니다)를 축약해서 많이 쓰인다.

📋 ようこそ 정말, 잘
韓国(かんこく) 한국
どうも 무척, 매우
行(い)く 가다
~てみる ~해보다
~てみたい ~해보고 싶다
まず 먼저, 우선

▼ 우리말 해석을 보고 빈칸에 알맞는 일본어를 써넣으세요.

01. 안녕히 가세요(계세요).

さよう □□ 。

02. 그럼, 또 내일 봐요.

では、□□ あした。

03. 대단히 고맙습니다.

□□□ ありがとうございます。

04. 천만에요.

□□ いたしまして。

05. 미안해요.

□□□ なさい。

06. 기다리게 해서 죄송합니다.

お待たせして □□□□ でした。

07. 축하합니다.

□□□□□ ございます。

08. 축하해요. 다행이네요.

おめでとう。□□□□ ですね。

09. 자 들어오십시오!

□□□ お入りください!

10. 잘 오셨습니다.

□□□ おいでくださいました。

▼ 대화 내용의 우리말 해석을 보고 밑줄에 일본어로 써보세요.

A: 今日は本当に楽しかったです。

B: わたしもです。 _____

    A: 오늘은 정말 즐거웠어요.
    B: 저도 즐거웠습니다. 안녕히 가세요.

A: ご親切に、 _____

B: お役に立てて、嬉しいです。

    A: 친절을 베풀어주셔서 감사했습니다.
    B: 도움이 되어 기쁩니다.

A: あっ、 _____ 大丈夫ですか。

B: ええ、わたしは大丈夫です。

    A: 앗, 미안해요. 괜찮아요?
    B: 예, 저는 괜찮아요.

A: ご昇進、 _____

B: ありがとうございます。どこで聞いたんですか。

    A: 승진을 축하해요.
    B: 고맙습니다. 어디서 들었어요?

A: _____ 韓国へ。

B: はい、どうも。

    A: 한국에 오신 것을 환영합니다.
    B: 네, 감사합니다.

UNIT 11

행복과 행운을 빌 때

복권 같은 큰 행운을 얻었거나 시험에 합격했을 때 감격하는 표현으로는 あたった! 가 있습니다. 이때 상대의 행운을 기뻐할 때는 おめでとう(축하해)나 よかった(다행이다) 등으로 표현합니다. 신년을 맞이하여 축하인사를 할 때는 보통 あけまして おめでとうございます라고 하며, 행운을 빌 때는 幸運を祈ります라고 합니다.

□□□ 부디 행복하세요.

どうぞお幸せに。

どうぞお幸せに。

どうぞ 부디, 잘
幸(しあわ)せに 행복하게

□□□ 행복을 빌게요.

幸せを祈ります。

幸せを祈ります。

幸(しあわ)せ 행복
祈(いの)る 빌다

□□□ 내내 행복하시기를.

いつまでも幸福でありますように。

いつまでも幸福でありますように。

です의 본래 형태는 であります이다. 즉, である의 정중한 표현이다.

いつまでも 언제까지나
幸福(こうふく)である 행복하다
~ように ~하도록

□□□ 새해 복 많이 받으세요.

明けましておめでとうございます。

明けましておめでとうございます。

새해가 되면 하는 인사이다.

明(あ)ける 새해가 되다, (날이) 새다, 밝(아지)다
おめでとう 축하하다

□□□ 여러분, 새해 복 많이 받으세요.

皆さん、新年おめでとう。

皆(みな)さん 여러분
新年(しんねん) 신년, 새해
おめでとう 축하하다

□□□ 행운을 빌겠습니다.

幸運を祈ります。

幸運(こううん) 행운
祈(いの)る 빌다

A: 新年、おめでとう。
しんねん

B: 新年、おめでとうございます。
しんねん

A: 今年も元気でね。
こ と し げん き

B: 幸運を祈ります。
こううん いの

A: 새해 복 많이 받아라.
B: 새해 복 많이 받으세요.
A: 올해도 건강하고.
B: 행운을 빌겠습니다.

新年(しんねん) 신년, 새해
今年(ことし) 올해, 금년
元気(げんき)だ 건강하다,
 잘 지내다
幸運(こううん) 행운
祈(いの)る 빌다

UNIT 12

기쁘거나 즐거울 때

기쁜 일이나 즐거운 일이 있으면 うれしい(기쁘다), たのしい(즐겁다), 最高だ(최고다) 등으로 자신의 감정을 솔직하게 표현해 봅시다. 우리말에 너무 좋아서 죽겠다는 표현이 있습니다. 이에 상응하는 일본어 표현으로는 ~てたまらない가 있는데, 이것은 상태나 정도가 너무 지나쳐서 견딜 수 없다는 것을 나타냅니다.

□□□ 정말 기쁘네요.

本当に嬉しいですね。

本当に嬉しいですね。

ね는 문말에 와서 '~구나, ~요; ~군요; ~로군'의 뜻으로 가벼운 감동을 나타낸다.

本当(ほんとう)に 정말로
嬉(うれ)しい 즐겁다, 유쾌하다

□□□ 무척 즐거워요.

とても楽しいですよ。

とても楽しいですよ。

よ는 문말에 쓰이면 가벼운 감동이나 단념의 기분을 나타낸다.

とても 매우, 무척
楽(たの)しい 즐겁다, 유쾌하다

□□□ 기분 최고예요.

最高の気分ですよ。

最高の気分ですよ。

最高(さいこう) 최고
↔ 最低(さいてい) 최저, 저질
気分(きぶん) 기분

□□□ 이렇게 기쁜 일은 없어요.

これほど嬉しいことはありません。

これほど嬉しいことはありません。

これほど 이렇게, 이만큼
嬉(うれ)しい 기쁘다, 반갑다
こと 것, 일

□□□ 꿈꾸고 있는 것 같아요.

夢見てるようです。

夢見てるようです

~ているようです ~하고 있는 것 같습니다

夢見(ゆめみ)る 꿈꾸다
~ようだ ~것 같다

□□□ 기뻐서 말이 안 나와요.

嬉しくて言葉になりません。

嬉しくて言葉になりません

嬉(うれ)しい 기쁘다
言葉(ことば) 말
~になる ~이(가) 되다

A: わたし、大好(だいす)きな俳優(はいゆう)からカードをもらったの。

B: 本当(ほんとう)? ファンレターを書(か)いたの?

A: ええ、それに返事(へんじ)をくれたのよ。すごく嬉(うれ)しいわ。

B: 何(なに)が書(か)いてあるのか教(おし)えてよ。

A: 나, 엄청 좋아하는 배우한테서 카드를 받았어.
B: 정말? 팬레터를 썼니?
A: 응, 게다가 답장을 주었어. 엄청 기뻐.
B: 무엇이 써있는지 가르쳐줘.

大好(だいす)きだ 매우 좋아하다
俳優(はいゆう) 배우
カード 카드
もらう 받다
本当(ほんとう) 정말
ファンレター 팬레터
書(か)く 쓰다
それに 게다가
返事(へんじ) 답변
くれる 주다
すごい 대단하다
嬉(うれ)しい 기쁘다
教(おし)える 가르치다

UNIT 13

화날 때

일본 사람들은 좀처럼 자신의 감정을 겉으로 드러내고 화를 내지 않습니다. 만약 화를 낸다면 상당히 화가 나있다고 볼 수 있습니다. 상대가 화가 나있거나 잘못하여 안절부절 못하고 있을 때 진정시키는 말로는 흔히 落ち着いてください(진정하세요)라고 합니다. 서로 감정이 상했을 때는 화해(仲直り)를 해야 하며, 그래야 사이좋게 (仲よく) 지낼 수 있습니다.

□□□ 열 받아.

頭にきたよ。

頭にきたよ。

頭に来る 부아가 나다; (속이) 울컥 울컥 치밀다

頭(あたま) 머리
来(く)る 오다

□□□ 정말 화가 나.

本当に腹が立つよ。

本当に腹が立つよ。

腹が立つ 화가 나다 / 腹を立てる 화를 내다

本当(ほんとう)に 정말로
腹(はら) 배
立(た)つ 서다

□□□ 바보 취급하지 마요!

ばかにしないでよ!

ばかにしないでよ!

~ないでよ(~하지 말아요)는 금지의 요구를 나타내는 ~ないでください(~하지 마세요)를 줄여서 표현한 것이다.

ばか 바보
~にする ~으로 삼다, ~하게 하다

□□□ 더 이상 참을 수 없어요.

もう我慢できないんですよ。

もう我慢できないんですよ。

완곡하게 강조할 때 쓰이는 ~のですよ는 회화에서는 줄여서 ~んですよ로 표현한다.

もう 이제, 이미
我慢(がまん)する 참다
できる 할 수 있다

□□□ 진정해요!

落ち着いて!

落ち着いて!

~て!는 ~てください를 줄여서 쓴 형태이다.

落(お)ち着(つ)く 진정이 되다, 차분히 가라앉다

□□□ 화낼 필요는 없습니다.

怒る必要はありません。

怒る必要はありません。

怒(おこ)る 성내다, 화내다
必要(ひつよう) 필요

A: 駐車違反の切符を切られちゃった。

B: それはお気の毒に。

A: すごく怒っているんだ。たった5分、車を離れただけなんだよ。

B: うーん、規則は規則だわ。
文句を言ってはダメよ。

A: 주차 위반 딱지를 떼였어.

B: 그것 참 안됐군.

A: 화가 많이 났어. 겨우 5분 차를
떠났을 뿐이야.

B: 음, 규칙은 규칙이야.
불평하면 안 돼.

駐車(ちゅうしゃ) 주차
違反(いはん) 위반
切符(きっぷ) 표, 딱지
切(き)る 자르다, 끊다
気(き)の毒(どく)だ 딱하다, 가엾다, 불쌍하다
すごい 굉장하다, 대단하다
怒(おこ)る 화내다
たった 단지, 겨우, 그저
車(くるま) 차
離(はな)れる 떠나다
規則(きそく) 규칙
文句(もんく) 불평, (불만) 할 말
言(い)う 말하다
ダメだ 안 된다, 못 쓴다

UNIT 14

슬프거나 외로울 때

살다 보면 항상 기쁨만 있는 것이 아니라, 때로는 왠지 모르게 슬프거나(悲しい), 마음이 외롭거나(さびしい), 허무하고(むなしい), 우울할(ゆううつな) 때가 있습니다. 일본인은 자신의 감정을 드러내지 않는 것을 미덕으로 여기고 있습니다. 하지만 현대를 살아가는 사람에게 있어서 자신의 감정을 솔직하게 표현하는 것도 중요하다고 봅니다.

□□□ 왠지 슬프군요.

なんだか悲しいですね。

なんだか悲しいですね。

> なんだか 왠지
> 悲(かな)しい 슬프다

□□□ 정말로 상처받았어요.

本当に傷付いたんですよ。

本当に傷付いたんですよ。

> 本当(ほんとう)に 정말로
> 傷付(きずつ)く (몸을) 다치다; 상처를 입다

□□□ 오늘은 쓸쓸하군요.

今日は寂しいですね。

今日は寂しいですね。

> 今日(きょう) 오늘
> 寂(さび)しい 쓸쓸하다, 적적하다

□□□ 난 늘 외로워요.

わたしはいつも孤独です。

わたしはいつも孤独です。

> いつも 늘, 항상
> 孤独(こどく)だ 고독하다

□□□ 아무 것도 할 마음이 안 생겨요.

何もやる気が起きません。

何もやる気が起きません。

何(なに)も 아무 것도
やる気(き) ~할 마음, ~하고 싶은 마음
起(お)きる 일어나다

□□□ 왜 우울하세요?

どうして憂うつですか。

どうして憂うつですか。

どうして 왜, 어째서
憂(ゆう)うつだ 우울하다

A: 今日(きょう)は何(なん)だか寂(さび)しいわ。

B: どうして?

A: ひとり暮(ぐ)らしだから、寂(さび)しいと思(おも)うこともあるわ。

B: いつでも僕(ぼく)に電話(でんわ)していいよ。

A: 오늘은 왠지 쓸쓸하네.

B: 왜?

A: 혼자 살다보니 외롭기도 해.

B: 아무 때나 나한테 전화해도 돼.

~わ는 문말에 쓰이어 가벼운 영탄이나 감동의 뜻을 나타낸다.
~だから의 から는 원인 이유를 나타내는 접속조사로 '~이니까, ~때문에'의 뜻이다.

何(なん)だか 왠지
寂(さび)しい 쓸쓸하다, 적적하다
どうして 왜, 어째서
ひとり暮(ぐ)らし 독신생활
思(おも)う 생각하다
いつでも 언제든지
僕(ぼく) 나
電話(でんわ)する 전화하다

UNIT 15 놀랍거나 무서울 때

놀랐을 때는 びっくりした!(깜짝 놀랐어!), 驚いた!(놀랐어!)라고 표현합니다. 또한 しまった는 놀랐을 때나 실패하여 몹시 분할 때 내는 말로 우리말의 '아차, 아뿔싸, 큰일 났다' 등으로 해석이 가능합니다. 비슷한 표현으로는 たいへんだ(큰일이다) 가 있습니다. 믿겨지지 않을 때 쓰이는 말로는 本当なの(정말이니?), 冗談でしょう (농담이겠죠?) 등이 있습니다.

□□□ 깜짝 놀랐어요.

びっくりしましたよ。

びっくりしましたよ。

> びっくりする 깜짝 놀라다

□□□ 그럴 리가 없어요.

そんなはずはありません。

そんなはずはありません。

> はず는 '~할 리, 당연히 ~할 것'의 뜻으로 당연한 일이나 도리, 이치를 나타낸다.

> そんな 그런
> ~はずがない ~할 리가 없다

□□□ 그거 놀랍군요.

それは驚きましたね。

それは驚きましたね。

> それは는 매우 감동하거나 뭐라 형언할 수 없는 경우의 감정 표현이다.

> 驚(おどろ)く 놀라다
> それは 정말로, 참말로, 매우

□□□ 놀라게 하지 마세요.

びっくりさせないでよ。

びっくりさせないでよ。

> ~させないでよ(~하게 하지 말아요)는 ~させないでください(~하게 하지 마세요)를 줄인 형태이다.

> びっくりする 깜짝 놀라다 →
> びっくりさせる 깜짝 놀라게 하다

□□□ 정말로 무섭군요.

本当に恐ろしいですね。

本当に恐ろしいですね。

本当(ほんとう)に 정말로
恐(おそ)ろしい 두렵다, 겁나다, 걱정스럽다

□□□ 뒤탈이 무서워요.

後のたたりが恐ろしいですよ。

後のたたりが恐ろしいですよ。

あとのたたり 뒤탈

後(あと) 뒤
たたり (어떤 행위에 대한) (뒤)탈
恐(おそ)ろしい 두렵다, 겁나다, 걱정스럽다

A: 田中さんが結婚するのよ。

B: 本当？ 知らなかったよ。

A: 結婚式は来週なの。

B: うわっ、信じられないよ！

A: 다나카 씨가 결혼해.

B: 정말? 몰랐어.

A: 결혼식은 다음 주야.

B: 우와, 믿을 수가 없어!

信じられる(믿을 수 있다)는 信じる의 가능형이다.
の는 여성어·유아어로 문말에서 감동 또는 물음을 나타낸다.

結婚(けっこん)する 결혼하다
本当(ほんとう) 정말
知(し)る 알다
結婚式(けっこんしき) 결혼식
来週(らいしゅう) 다음주
うわっ 우와
信(しん)じる 믿다

▶ 우리말 해석을 보고 빈칸에 알맞는 일본어를 써넣으세요.

01. 행복을 빌게요.

幸せを ☐☐☐☐ 。

02. 새해 복 많이 받으세요.

☐☐☐☐☐ おめでとうございます。

03. 무척 즐거워요.

とても ☐☐☐ ですよ。

04. 이렇게 기쁜 일은 없어요.

これほど ☐☐☐ ことはありません。

05. 정말 화가 나.

本当に ☐☐☐☐ よ。

06. 더 이상 참을 수 없어요.

もう ☐☐☐☐☐☐ んですよ。

07. 왠지 슬프군요.

なんだか ☐☐☐ ですね。

08. 오늘은 쓸쓸하군요.

今日は ☐☐☐ ですね。

09. 깜짝 놀랐어요.

☐☐☐☐ しましたよ。

10. 정말로 무섭군요.

本当に ☐☐☐☐ ですね。

대화 내용의 우리말 해석을 보고 밑줄에 일본어로 써보세요.

A: 新年、おめでとう。

B: 新年、＿＿＿＿＿＿＿＿＿＿＿

    A: 새해 복 많이 받아라.
    B: 새해 복 많이 받으세요.

A: それに返事をくれたのよ。＿＿＿＿＿

B: 何が書いてあるのか教えてよ。

    A: 게다가 답장을 주었어. 엄청 기뻐.
    B: 무엇이 써있는지 가르쳐줘.

A: すごく＿＿＿＿＿＿＿＿＿＿

B: 規則は規則だわ。文句を言ってはダメよ。

    A: 화가 많이 났어.
    B: 규칙은 규칙이야. 불평하면 안 돼.

A: 今日は＿＿＿＿＿＿＿＿

B: どうして?

    A: 오늘은 왠지 쓸쓸하네.
    B: 왜?

A: 田中さんが結婚するのよ。

B: ＿＿＿＿知らなかったよ。

    A: 다나카 씨가 결혼해.
    B: 정말? 몰랐어.

UNIT 16

걱정하거나 위로할 때

상대방에 대한 근심과 걱정을 이해하고 격려해 줄 수 있는 마음이 있어야 보다 깊이 있는 교제를 할 수 있습니다. 상대에게 ご心配事でもありますか(걱정거리라도 있으세요?)라고 물으면 자신에게 관심을 가져준 것에 대해 고맙게 여길 것입니다. 여기에 덧붙여 心配しないでよ(걱정하지 마세요)라고 위로를 해 준다면 친분이 더욱 돈독해질 것입니다.

□□□ 괜찮아요?

大丈夫ですか。

大丈夫ですか。

大丈夫(だいじょうぶ)**だ** 괜찮다, 틀림없다, 걱정 없다, 문제 없다

□□□ 어디 몸이 불편하세요?

どこか具合が悪いんですか。

どこか具合が悪いんですか。

具合が悪い 상태가[형편이] 좋지 않다

どこか 어딘가
具合(ぐあい) 몸 상태, 건강 상태
悪(わる)**い** 나쁘다

□□□ 무리하지 않는 게 좋겠어요.

無理しないほうがいいですよ。

無理しないほうがいいですよ。

~ないほうがいい ~하지 않은 게 좋다

無理(むり)**する** 무리하다

□□□ 기분은 어때요?

気分はどうですか。

気分はどうですか。

気分(きぶん) 기분
どう 어떻게

□□□ 무슨 걱정거리라도 있어요?

何か心配事でもありますか。

何(なに)か 무언가
心配事(しんぱいごと) 걱정거리

何か心配事でもありますか。

□□□ 무슨 일이 있었어요?

何かあったんですか。

あったんですかは ある(있다)의 과거형에 어감을 완곡하게 강조할 때 のですか의 회화체가 접속된 상태이다.

何(なに)か 무언가
ある 있다

何かあったんですか。

A: 先週(せんしゅう)、うちの猫(ねこ)が死(し)んだの。

B: えっ、それはお気(き)の毒(どく)に。

A: 10年近(じゅうねんちか)く飼(か)っていた猫(ねこ)なのよ。

B: それは悲(かな)しいね。

A: 지난주 우리 고양이가 죽었어.

B: 어, 그거 참 안됐군.

A: 10년 가까이 길렀던 고양이야.

B: 그거 슬프겠구나.

先週(せんしゅう) 지난주
うち 우리집
猫(ねこ) 고양이
死(し)ぬ 죽다
お気(き)の毒(く)だ 가엾다, 딱하다
近(ちか)く 가까이, 근처
飼(か)う 기르다
悲(かな)しい 슬프다
それは 정말로, 참말로, 매우

UNIT 17

감탄하거나 칭찬할 때

기쁨과 즐거움은 지극히 자연스럽게 표출되는 인간의 감정입니다. 기쁜 일이나 즐거운 일이 있으면 うれしい(기쁘다), たのしい(즐겁다) 등으로 자신의 감정을 표현해 봅시다. 또한 우리말에 너무 좋아서 죽겠다는 일본어 표현으로는 ~てたまらない가 있는데, 이것은 상태나 정도가 너무 지나쳐서 견딜 수 없다는 것을 나타냅니다.

□□□ 정말로 멋지군요.

本当に素晴らしいですね。

本当に素晴らしいですね。

本当(ほんとう)に 정말로
素晴(すば)らしい 멋지다

□□□ 야, 굉장하군요.

いや、すごいですね。

いや、すごいですね。

いや 아니, 아냐
すごい 대단하다, 굉장하다,
　지독하다

□□□ 정말 훌륭한 사람이군요.

本当に偉い人ですね。

本当に偉い人ですね。

本当(ほんとう)に 정말로
偉(えら)い 훌륭하다, 대단하다
人(ひと) 사람

□□□ 대단하군요.

大したもんですね。

大したもんですね。

大(たい)した 대단한, 이렇다 할 정
　도의
もん(=もの) 것

□□□ 훌륭합니다.

お見事です。

> 見事(みごと)だ 멋지다, 훌륭하다

お見事です。

□□□ 칭찬해 주셔서 고마워요.

お誉めいただいてありがとう。

> お~いただいて ~해 주셔서
>
> 誉(ほ)める 칭찬하다
> いただく 받다

お誉めいただいてありがとう。

A: 新しいネクタイ、とても似合いますよ。

B: そうですか。ありがとう。

A: 冗談じゃないですよ。よく似合っています。

B: 本当ですか。そう言ってくれて嬉しいですね。

A: 새 넥타이 무척 잘 어울려요.

B: 그래요? 고마워요.

A: 농담이 아니에요. 잘 어울려요.

B: 정말요? 그렇게 말해주니 기쁘군요.

> 新(あたら)しい 새롭다
> ネクタイ 넥타이
> 似合(にあ)う 어울리다
> 冗談(じょうだん) 농담
> よく 잘, 많이
> そう 그렇게
> 言(い)う 말하다
> ~てくれる ~해주다
> 嬉(うれ)しい 기쁘다

UNIT 18

사람을 부를 때

서로 아는 사이라면 이름이나 직책, 호칭 등으로 표현하지만, 모르는 사람을 부를 때는 보통 すみません(실례합니다)라고 합니다. 하지만 상대의 이름만을 부를 때는 무척 친한 사이에만 쓸 수 있으므로 친근한 사이가 아니면 실례가 됩니다. 또한 상대와 대화를 원할 때는 상대의 사정을 살피며 お暇ですか(시간 있으세요?)라고 하면 됩니다.

□□□ 저기요.

あのね。

あのね。

> あのね는 상대에게 뭔가 말을 꺼낼 때 쓰는 말이다.
>
> **あの** 저

□□□ 이봐. 어딜 가는 거야?

おい、どこへ行くんだ。

おい、どこへ行くんだ。

> おい는 친한 사이나 아랫사람을 부를 때 쓰는 말이다.
>
> **おい** 여봐, 이봐
> **どこ** 어디
> **行(い)く** 가다

□□□ 저, 미안합니다.

あの、すみません。

あの、すみません。

> **あの** 생각이나 말이 막혔을 때 내는 소리이다.
>
> **すみません** 미안합니다

□□□ 여보세요.

もしもし。

もしもし。

> **もしもし** 상대를 부를 때나 전화로 상대를 부르고 대답하는 말이다.
>
> **もしもし** 여보세요

□□□ 잠깐 실례해요.

ちょっとすみません。

ちょっとすみません。

💬 すみません은 사람을 부를 때 일반적으로 쓰이는 말이다.

📋
ちょっと 좀, 잠깐
すみません 미안합니다

□□□ 잠깐만요.

ちょっと待って。

ちょっと待って。

💬 ちょっと待ってください 잠깐 기다려 주세요

📋
ちょっと 좀, 잠깐
待(ま)つ 기다리다

A: すみません。

B: はい。

A: この席に座ってもいいですか。
　　　　せき　　すわ

B: ええ、わたしのかばんを動かしますね。
　　　　　　　　　　　　　　　　　　　うご

A: 실례합니다.
B: 네.
A: 이 자리에 앉아도 될까요?
B: 예, 네 가방을 옮길게요.

📋
席(せき) 자리
座(すわ)る 앉다
~てもいい ~해도 좋다
かばん 가방
動(うご)かす 움직이다

UNIT 19

맞장구칠 때

맞장구는 상대 이야기를 잘 듣고 있으니 계속 하라는 의사 표현의 하나로 주로 쓰이는 자연스런 맞장구로는 そうですか, なるほど, そのとおりです 등이 있습니다. そうですか는 상대의 말에 적극적인 관심을 피력할 때 쓰이며, 친구나 아랫사람이라면 가볍게 끝을 올려서 そう?나 そうなの?로 표현하면 적절한 맞장구가 됩니다.

□□□ 맞아요.

そのとおりです。

そのとおりです。

상대의 말에 긍정적인 맞장구를 칠 때 쓰이는 표현이다.

そのとおり 그대로, 그와 같이

□□□ 그러면 좋겠군요.

そうだといいですね。

そうだといいですね。

そうだと의 と는 활용어에 접속하여 어떤 사항에 이어 다른 사항이 나타남을 보이는 말로 쓰인다.

そう 그렇게
いい 좋다

□□□ 그랬어요?

そうでしたか。

そうでしたか。

そう 그렇게

□□□ 그래요, 그거 안됐군요.

そうですか、それはいけませんね。

そうですか、それはいけませんね。

いけない 안되다, 좋지 않다

□□□ 그래요, 몰랐어요.

そうですか、知りませんでした。

知(し)る 알다

そうですか、知りませんでした。

□□□ 나도 그렇게 생각해요.

わたしもそう思いますね。

そう 그렇게
思(おも)う 생각하다

わたしもそう思いますね。

A: きのう、このくらいの大きな魚を捕まえたんだ。

B: 冗談でしょ。

A: 本当だよ。

B: 本当? うらやましい。

A: 어제, 이 정도 큰 물고기를 잡았어.

B: 농담이겠지.

A: 정말이야.

B: 정말? 부럽다.

きのう 어제
くらい 정도
大(おお)きな 커다란
魚(さかな) 물고기, 생선
捕(つか)まえる 잡다, 포획하다
冗談(じょうだん) 농담
本当(ほんとう) 정말
うらやましい 부럽다

UNIT 20

되물을 때

수업 시간 이외에 일상생활에서도 궁금한 점이 있으면 질문하기 마련입니다. 상황에 따라 적절한 질문의 요령을 익히도록 합시다. 또한 외국어를 우리말처럼 알아듣고 이해한다는 것은 쉬운 일이 아닙니다. 상대의 말이 빠르거나 발음이 분명하게 들리지 않을 때, 또는 이해하기 힘들 때 실례가 되지 않도록 정중하게 다시 한 번 말해달라고 부탁하는 표현도 함께 익힙시다.

□□□ 네?

はい?

はい?

> 되물을 때는 끝을 올려 말한다.

> **はい** 네

□□□ 뭐라고요?

何ですって?

何ですって?

> 상대방의 말을 반문하면서 그따위 일은 있을 수 없다는 뜻으로 쓰인다.

> **何**(なん) 무엇
> **って** ~라고

□□□ 뭐요?

何?

何?

> **何**(なに) 무엇

□□□ 뭐라고 하셨어요?

何とおっしゃいましたか。

何とおっしゃいましたか。

> **おっしゃる**는 5단동사이지만 **ます**가 접속할 때는 -**ります**가 아니라 -**います**로 음편을 한다.

> **何**(なん)**と** 뭐라고
> **おっしゃる** 말씀하시다

□□□ 무슨 일이에요?

何でしょうか。

何でしょうか。

💬
でしょうは ですの 추측형으로 조사 か를 접속하면 추측의 의문을 나타낸다.

≣
何(なん) 무엇

□□□ 저 말이에요?

わたしのことですか。

わたしのことですか。

≣
わたし 나, 저
こと 일, 것

A: すみません。何(なん)と言(い)ったのですか。

B: もう一度(いちど)、言(い)いましょうか。

A: ええ、もう一度(いちど)説明(せつめい)してください。

B: じゃ、よく聞(き)いてください。

A: 미안해요. 뭐라고 하셨죠?

B: 다시 한 번 말할까요?

A: 예, 다시 한 번 설명해주세요.

B: 그럼, 잘 들으세요.

💬
ましょう는 **ます**의 권유형으로 '~합시다'의 뜻이다.

≣
何(なん)**と** 뭐라고
言(い)**う** 말하다
もう一度(いちど) 다시 한 번
説明(せつめい)**する** 설명하다
じゃ 그럼
よく 잘
聞(き)**く** 듣다, 묻다

▶ 우리말 해석을 보고 빈칸에 알맞는 일본어를 써넣으세요.

01. 어디 몸이 불편하세요?

　　どこか ☐☐☐☐☐ んですか。

02. 무슨 걱정거리라도 있어요?

　　何か ☐☐☐ でもありますか。

03. 야, 굉장하군요.

　　いや、☐☐☐ ですね。

04. 칭찬해 주셔서 고마워요.

　　☐☐☐ いただいてありがとう。

05. 저, 미안합니다.

　　あの、☐☐☐☐☐。

06. 잠깐만요.

　　ちょっと ☐☐☐。

07. 맞아요.

　　その ☐☐☐ です。

08. 그래요, 그거 안됐군요.

　　そうですか、それは ☐☐☐☐☐ ね。

09. 뭐라고요?

　　何です ☐☐ ?

10. 뭐라고 하셨어요?

　　☐☐ おっしゃいましたか。

▼ 대화 내용의 우리말 해석을 보고 밑줄에 일본어로 써보세요.

A: 先週、うちの猫が死んだの。

B: えっ、_____

    A: 지난주 우리 고양이가 죽었어.
    B: 어, 그거 참 안됐군.

A: 新しいネクタイ、_____

B: そうですか。ありがとう。

    A: 새 넥타이 무척 잘 어울려요.
    B: 그래요? 고마워요.

A: _____

B: はい。

    A: 실례합니다.
    B: 네.

A: きのう、このくらいの大きな魚を捕まえたんだ。

B: _____

    A: 어제, 이 정도 큰 물고기를 잡았어.
    B: 농담이겠지.

A: すみません。_____

B: もう一度、言いましょうか。

    A: 미안해요. 뭐라고 하셨죠?
    B: 다시 한 번 말할까요?

UNIT 21

질문할 때

다른 사람의 말을 긍정할 때는 そうです(그렇습니다), 부정할 때는 ちがいます(아닙니다)라고 합니다. 흔히 そうです의 부정형인 そうではありません(그렇지 않습니다)이라고 하기 쉬우나 そうではありません은 좀 더 구체적으로 지적해서 부정할 때 쓰며, 단순히 사실과 다르다고 할 때는 ちがいます라고 합니다.

□□□ 하나 더 질문이 있습니다.

もう一つ、質問があります。

もう一つ、質問があります。

> もう (조금) 더, 이 위에 또
> 一(ひと)つ 하나
> 質問(しつもん) 질문
> ある 있다

□□□ 그건 무슨 뜻이에요?

それはどういう意味ですか。

それはどういう意味ですか。

> どういう 어떠한
> 意味(いみ) 의미, 뜻

□□□ 네, 그래요.

はい、そうです。

はい、そうです。

> 상대의 말에 긍정적으로 호응할 때 쓰이는 표현이다.
>
> そう 그렇게

□□□ 네, 알겠어요.

はい、わかりました。

はい、わかりました。

> わかる 알다, 이해하다

□□□ **아뇨, 그렇지 않아요.**

いいえ、そうじゃありません。

いいえ、そうじゃありません。

상대의 말을 좀 더 구체적으로 지적
해서 부정할 때인다.

そう 그렇게

□□□ **아뇨, 달라요.**

いいえ、違います。

いいえ、違います。

단순히 사실과 다르다고 말할 때 쓰
이는 표현이다.

違(ちが)う 다르다

A: 質問してもいいですか。
しつもん

B: どうぞ、何ですか。
      なん

A: ナウいってどういう意味ですか。
              い み

B: それは現代的だという意味です。
     げんだいてき   い み

A: 질문해도 될까요?

B: 하세요, 뭐죠?

A: ナウい란 무슨 뜻이죠?

B: 그건 현대적이라는 뜻이에요.

~てもいい는 '~해도 좋다(된다)'의
뜻으로 허가나 허락을 나타내는 표
현이다.

質問(しつもん)する 질문하다
どうぞ 아무쪼록, 부디
ナウい 현대적이다, 현대적이고 멋
   지다
って ~라고 것은, ~란
どういう 어떠한
意味(いみ) 의미, 뜻
現代的(げんだいてき) 현대적
~という ~라고 하다

UNIT 22

부탁할 때

무언가를 부탁할 때 가장 많이 쓰이는 표현으로는 お願いします(부탁합니다)가 있으며, 그밖에 요구 표현인 ~てください(~해 주세요) 등이 있습니다. 하지만 ~てください는 상대에게 직접적으로 행동할 것을 요구하는 것이므로 경우에 따라서는 불쾌감을 줄 수 있으므로 상대의 기분을 거슬리지 않는 ~ていただけませんか 등처럼 완곡한 표현을 쓰는 것이 좋습니다.

□□□ 부탁드려도 될까요?

お願いしてもいいですか。

お願いしてもいいですか。

~てもいい는 '~해도 좋다(된다)'의 뜻으로 허가나 허락을 나타내는 표현이다.

お願(ねが)いする 부탁드리다
願(ねが)う 부탁하다

□□□ 부탁이 있는데요.

お願いがあるんですが。

お願いがあるんですが。

~ですが의 が는 앞뒤의 글을 접속시키는 조사인데, 말을 끊어서 쓸 때는 상대방의 반응을 기다리는 기분이나 은근히 반대하는 기분, 또는 가벼운 감동이나 혹은 희망을 나타내는 말로 쓰인다.

願(ねが)う 부탁하다

□□□ 잠깐 괜찮아요?

ちょっといいですか。

ちょっといいですか。

ちょっと 조금, 잠깐
いい 좋다

□□□ 좀 도와줄래요?

ちょっと手伝ってくれますか。

ちょっと手伝ってくれますか。

상대가 자기 쪽으로 뭔가를 해줄 때는 ~てくれる로 표현한다.

ちょっと 조금, 잠깐
手伝(てつだ)う 거들다, 돕다
~てくれる ~해주다

□□□ 예, 그러세요.

ええ、どうぞ。

ええ、どうぞ。

 どうぞ 상대에게 무엇을 권하거나 부탁하는 기분을 나타내는 완곡하고 공손한 말입니다.

どうぞ 부디, 아무쪼록

□□□ 좀 생각해 볼게요.

ちょっと考えておきます。

ちょっと考えておきます。

考(かんが)える 생각하다
~ておく ~해두다

A: お願(ねが)いしたいことがあるのですが。

B: 何(なん)でしょうか。

A: ちょっと言(い)いにくいんです。

B: かまいませんよ。何(なん)なりと言(い)ってください。

A: 부탁드리고 싶은 게 있는데요.
B: 뭐죠?
A: 좀 말하기 곤란한데요.
B: 괜찮아요. 무엇이든 말하세요.

たい는 동사의 중지형에 접속하여 '~하고 싶다'는 희망을 나타낸다.

お願(ねが)いする 부탁드리다
こと 일, 것
言(い)う 말하다
~にくい ~하기 힘들다(어렵다)
かまう 상관하다, 관계하다
何(なん)なりと 무엇이든지

UNIT 23

제안하거나 권유할 때

권유나 제안을 할 때는 どうですか(어떠세요?)와 いかがですか(어떠십니까?)라고 합니다. 또한 행위에 대한 권유나 제안을 할 때는 ~ましょうか(~할까요?)나 ~するのはどうですか(~하는 게 어때요?)가 쓰입니다. 권유나 제안을 받아들일 때는 よろこんで(기꺼이)라고 하며, 거절할 때는 そうできればいいんだけど(그렇게 할 수 있었으면 좋겠는데)라고 말합니다.

□□□ 제안이 하나 있는데요.

一つ提案があるんですが。

一つ提案があるんですが。

一(ひと)つ 하나
提案(ていあん) 제안
ある 있다

□□□ 좋은 생각이 있는데요.

いい考えがあるんですが。

いい考えがあるんですが。

考え는 동사 考える의 중지형으로 동사의 중지형은 그 자체로 명사가 된다.

いい 좋다
考(かんが)える 생각하다

□□□ 이런 식으로 해보면 어떨까요?

こんなふうにしてみたらどうですか。

こんなふうにしてみたらどうですか。

~てみたらどうですか ~해보면 어떨까요?

こんなふうに 이런 식으로
する 하다
~てみる ~해보다

□□□ 이건 어떻습니까?

これはいかがですか。

これはいかがですか。

상대방 의향을 물을 때(どうですか) 정중하게 묻는 표현이다.

いかが 어떻게

□□□ 물론이죠.

もちろんです。

もちろんです。

もとろん 물론

□□□ 아뇨, 됐어요.

いいえ、結構です。

いいえ、結構です。

けっこう 괜찮음; 이제 됐음(정중하게 사양하는 뜻으로도 씀)

結構(けっこう)だ 괜찮다, 좋다

A: お茶をどうぞ。

B: これは何のお茶ですか。

A: 中国の茶ですよ。

B: どうも。香りも味もいいですね。

A: 차 좀 드세요.

B: 이건 무슨 차예요?

A: 중국차예요.

B: 고마워요. 향기도 맛도 좋군요.

일본어에서는 どうも만 알고 있어도 말이 통할 정도로 감사, 사죄 등의 다양한 표현으로 쓰인다.

お茶(ちゃ) 차
どうぞ 부디, 아무쪼록
何(なん)の 무슨
中国(ちゅうごく) 중국
どうも 무척, 대단히
香(かお)り 향기, 냄새
味(あじ) 맛
いい 좋다

UNIT 24

이해했는지 묻고 답할 때

わかる는 듣거나 보거나 해서 이해하는 의미로 쓰이며, 知る는 학습이나 외부로부터의 지식을 획득하여 안다는 의미로 쓰입니다. 흔히 '알겠습니다'의 표현으로 わかりました를 쓰지만, 상사나 고객에게는 承知しました나 かしこまりました를 쓰는 것이 좋습니다. 또한 그 반대 표현인 '모르겠습니다'도 わかりません이 아니라 わかりかねます라고 하는 것이 좋습니다.

□□□ 이제 알겠어요?

これでわかりますか。

これでわかりますか。

これで 이걸로
わかる 판단·이해할 수 있다, 알다

□□□ 말하는 것을 알겠어요?

言っていることがわかりますか。

言っていることがわかりますか。

言(い)う 말하다
こと 일, 것
わかる 알다

□□□ 그렇군요, 알겠어요.

なるほど、わかります。

なるほど、わかります。

なるほど는 남의 주장을 긍정할 때나, 상대방 말에 맞장구 칠 때 쓰이는 말이다.

なるほど 과연, 정말

□□□ 모르겠어요.

わかりません。

わかりません。

わかる 알다

□□□ 잘 모르겠어요.

よくわからないのです。

よくわからないのです。

よく 잘
わかる 알다

□□□ 정말로 몰라요.

本当に知らないんです。

本当に知らないんです。

本当(ほんとう)に 정말로
知(し)る 알다

A: わたしの言うことはわかりましたか。

B: わかりました。

A: じゃ、お手数をおかけします。

B: はい、わたしが彼女に話しておきます。

A: 제가 말한 것을 알겠어요?
B: 알았어요.
A: 그럼, 부탁할게요.
B: 네, 내가 그녀에게 말해둘게요.

お手数をかける 수고를 끼치다

言(い)う 말하다
こと 일
お手数(てすう) 수고, 귀찮음
かける 걸다
彼女(かのじょ) 그녀
話(はな)す 이야기하다, 말하다
~ておく ~해두다

UNIT 25

의견을 묻고 답할 때

~についてどう思いますか(~에 대해서 어떻게 생각하세요?)는 뭔가에 대해서 상대의 견해를 묻는 가장 기본적인 표현입니다. 그밖에 ご意見はいかがですか(의견은 어떠십니까?) 등이 있습니다. 이에 대해 자신의 의견이나 견해를 말하고자 할 때는 먼저 私の考えでは, ~(내 생각은, ~) 등으로 서두를 꺼내고 하고 싶은 말을 연결하면 됩니다.

□□□ 당신은 어떻게 생각하세요?

あなたはどう思いますか。

あなたはどう思いますか。

> どう 어떻게
> 思(おも)う 생각하다

□□□ 당신의 의견은 어때요?

あなたの意見はどうですか。

あなたの意見はどうですか。

> 意見(いけん) 의견
> どう 어떻게

□□□ 제 생각을 말할게요.

わたしの考えを言わせてください。

わたしの考えを言わせてください。

> ~(さ)せてください는 '~하게 해(시켜) 주세요'의 뜻으로 자신의 행동을 상대에게 허락받는다는 느낌으로 완곡하게 의지(제가 ~할게요)를 나타내는 표현이다.
>
> 考(かんが)える 생각하다
> 言(い)う 말하다

□□□ 제 의견을 말씀드릴게요.

わたしの意見を申し上げます。

わたしの意見を申し上げます。

> 申し上げる는 言う(말하다)의 겸양어이다.
>
> 意見(いけん) 의견
> 申(もう)し上(あ)げる 말씀드리다

□□□ 그렇게 생각해요.

そう思います。

そう思います。

そう 그렇게
思(おも)う 생각하다

□□□ 그렇게 생각하지 않아요.

そう思いません。

そう思いません。

そう 그렇게
思(おも)う 생각하다

A: ちょっとご相談(そうだん)したい問題(もんだい)があるのですが。

B: どんなことでしょうか。

A: この書類(しょるい)は少(すこ)し直(なお)せないでしょうか。

B: そうですか。どこをですか。

A: 잠깐 의논드리고 싶은 문제가 있는데요.
B: 어떤 거죠?
A: 이 서류는 좀 고칠 수 없을까요?
B: 그래요? 어디를 말입니까?

'ご+한자어+する'는 겸양표현으로
ご相談する는 '상담드리다'이다.

ちょっと 좀, 잠깐
相談(そうだん)する 상담하다
問題(もんだい) 문제
どんな 어떤
書類(しょるい) 서류
少(すこ)し 조금, 좀
直(なお)す 고치다
どこ 어디

▼ 우리말 해석을 보고 빈칸에 알맞는 일본어를 써넣으세요.

01. 하나 더 질문이 있습니다.

もう一つ、☐☐ があります。

02. 그건 무슨 뜻이에요?

それは ☐☐☐☐ 意味ですか。

03. 부탁드려도 될까요?

☐☐☐ してもいいですか。

04. 좀 도와줄래요?

ちょっと ☐☐☐☐ くれますか。

05. 좋은 생각이 있는데요.

☐☐☐☐ があるんですが。

06. 이건 어떻습니까?

これは ☐☐☐ ですか。

07. 말하는 것을 알겠어요?

言っていることが ☐☐☐☐☐☐ 。

08. 잘 모르겠어요.

よく ☐☐☐☐☐ のです。

09. 당신은 어떻게 생각하세요?

あなたはどう ☐☐☐☐☐ 。

10. 제 의견을 말씀드릴게요.

わたしの ☐☐ を申し上げます。

▶ 대화 내용의 우리말 해석을 보고 밑줄에 일본어로 써보세요.

A: 質問＿＿＿＿＿＿＿＿

B: どうぞ、何ですか。

A: 질문해도 될까요?
B: 하세요, 뭐죠?

A: ＿＿＿＿＿＿＿＿＿があるのですが。

B: 何でしょうか。

A: 부탁드리고 싶은 게 있는데요.
B: 뭐죠?

A: お茶を＿＿＿＿

B: これは何のお茶ですか。

A: 차 좀 드세요.
B: 이건 무슨 차예요?

A: わたしの＿＿＿＿＿＿＿＿

B: わかりました。

A: 제가 말한 것을 알겠어요?
B: 알았어요.

A: ちょっと＿＿＿＿＿＿＿＿があるのですが。

B: どんなことでしょうか。

A: 잠깐 의논드리고 싶은 문제가 있는데요.
B: 어떤 거죠?

따라 쓰기만 해도 프리토킹에 강해진다 !

PART

02

화제 · 취미 · 여가
표현

UNIT 01

시간에 대해 말할 때

때에 관한 표현은 일상생활에서 언제 어디서든 입에서 술술 나올 때까지 익혀두어야 합니다. 시간을 물을 때는 何時ですか(몇 시입니까?)라고 하며, 이에 대한 응답으로는 정각이면 ちょうど를 쓰고 정각을 지났을 때는 すぎ를 써서 표현합니다. 일본어로 시간을 말할 때 時(시)는 じ로, 分(분)은 ふん, ぷん으로 읽으며, 秒(초)는 びょう로 읽습니다.

□□□ 지금 몇 시입니까?

いま、何時ですか。

いま、何時ですか。

何分(なんぷん) 몇 분
何秒(なんびょう) 몇 초

いま(今) 지금
何時(なんじ) 몇 시

□□□ 10시 5분전입니다.

10時5分前です。

10時5分前です。

ちょうど 꼭; 정확히

10時(じゅうじ) 10시
5分前(ごふんまえ) 5분전

□□□ 9시 15분이 지났어요.

9時15分過ぎです。

9時15分過ぎです。

-すぎ (때를 나타내는 명사에 붙어) 지나감

9時(くじ) 9시
15分過(じゅうごふんす)ぎ 15분 지남

□□□ 몇 시에 약속이 있어요?

何時に約束がありますか。

何時に約束がありますか。

何時(なんじ) 몇 시
約束(やくそく) 약속

□□□ 이제 갈 시간이에요.

もう行く時間ですよ。

もう行く時間ですよ。

일본어 동사가 뒤에 오는 명사를 수식할 때는 기본형 상태를 취한다.

もう 이제
行(い)**く** 가다
時間(じかん) 시간

□□□ 시간이 없어요.

時間がありませんよ。

時間がありませんよ。

時間(じかん) 시간

A: 今、何時ですか。

B: 2時5分前です。

A: 何時の飛行機だと言いましたっけ?

B: 5時半の飛行機です。

A: 지금 몇 시입니까?
B: 2시 5분전입니다.
A: 몇 시 비행기라고 했죠?
B: 5시 반 비행기입니다.

~っけ는 잊었던 일이나 불확실한 일을 상대방에 질문하거나 확인함을 나타낸다.

今(いま) 지금
何時(なんじ) 몇 시
飛行機(ひこうき) 비행기
言(い)**う** 말하다
~っけ ~던가
~時半(じはん) ~시반

UNIT 02

날짜와 요일에 대해 말할 때

1월부터 12월까지 말할 때는 月(がつ), 요일을 말할 때는 曜日(ようび), 1일부터 10일까지, 14일, 20일, 24일은 고유어로 읽으며 나머지는 한자음으로 읽습니다. 월, 요일 또는 날짜를 물을 때는 의문사 何를 써서 何月(なんがつ 몇 월), 何曜日(なんようび 무슨 요일), 何日(なんにち 며칠)라고 묻고, 연도를 물을 때는 何年(なんねん 몇 년)이라고 하면 됩니다.

□□□ 오늘은 며칠입니까?

今日は何日ですか。

今日は何日ですか。

きのう 어제 / あした 내일

今日(きょう) 오늘
何日(なんにち) 며칠

□□□ 오늘은 무슨 요일입니까?

今日は何曜日ですか。

今日は何曜日ですか。

日(にち) 일 / 月(げつ) 월 / 火(か) 화 / 水(すい) 수 / 木(もく) 목 / 金(きん) 금 / 土(ど) 토

今日(きょう) 오늘
何曜日(なんようび) 무슨 요일

□□□ 오늘은 몇 월 며칠입니까?

今日は何月何日ですか。

今日は何月何日ですか。

一月(いちがつ) 1월
二月(にがつ) 2월
三月(さんがつ) 3월

今日(きょう) 오늘
何月(なんがつ) 몇 월
何日(なんにち) 며칠

□□□ 당신의 생일은 언제입니까?

あなたの誕生日はいつですか。

あなたの誕生日はいつですか。

誕生日(たんじょうび) 생일
いつ 언제

□□□ 몇 년생이세요?

何年の生まれですか。

何年の生まれですか。

> 何年(なんねん) 몇 년
> 生(う)まれ 출생

□□□ 무슨 띠이세요?

何年ですか。

何年ですか。

> 何年(なにどし) 무슨 띠

A: お誕生日(たんじょうび)はいつですか。

B: 4月1日(しがつついたち)です。

A: エイプリルフールですね。

B: はい、それでみんな信(しん)じてくれないんです。

A: 생일은 언제입니까?

B: 4월 1일입니다.

A: 만우절이군요.

B: 네, 그래서 다들 믿어주지 않아요.

> お誕生日(たんじょうび) 생일
> 4月(しがつ) 4월
> 1日(ついたち) 1일
> エイプリルフール 만우절
> それで 그래서
> みんな 모두
> 信(しん)じる 믿다
> ~てくれない ~해주지 않다

UNIT 03

날씨에 대해 말할 때

평소 나누는 관용적인 인사 표현 대신에 날씨에 관련된 표현으로 인사를 합니다. 봄에는 暖かいですね(따뜻하군요), 여름에는 暑いですね(덥군요), 무더울 때는 蒸し暑いですね(무덥군요), 가을에는 涼しいですね(시원하군요)라고 , 겨울에는 寒いですね(춥군요)라고도 하지만 ひえますねぇ라고 하면 아주 한겨울의 추위가 뼛속까지 스며드는 느낌이 듭니다.

□□□ 오늘은 날씨가 어때요?

今日はどんな天気ですか。

今日はどんな天気ですか。

今日(きょう) 오늘
どんな 어떤
天気(てんき) 날씨

□□□ 주말 날씨는 어때요?

週末の天気はどうですか。

週末の天気はどうですか。

月末(げつまつ) 월말 / 年末(ねんまつ) 연말

週末(しゅうまつ) 주말
天気(てんき) 날씨
どう 어떻게

□□□ 점점 따뜻해지는군요.

だんだん暖かくなってきましたね。

だんだん暖かくなってきましたね。

あたたかい는 줄여서 あったかい라고도 한다.

だんだん 점점, 차차
暖(あたた)かい 따뜻하다
~なってくる ~되어지다

□□□ 오늘은 상당히 덥군요.

今日はなかなか暑いですね。

今日はなかなか暑いですね。

今日(きょう) 오늘
なかなか 상당히, 꽤
暑(あつ)い 덥다

□□□ 시원해서 기분이 좋군요.

涼しくて気持ちがいいですね。

涼(すず)しい 시원하다
気持(きも)ち 마음, 기분
いい 좋다

涼しくて気持ちがいいですね。

□□□ 추워졌어요.

寒くなりましたね。

형용사의 변화를 나타낼 때는 어미 い를 く로 바꾸어 なる(되다)를 접속한다.

寒(さむ)い 춥다
~くなる ~해지다

寒くなりましたね。

A: 暑(あつ)いですね。

B: うん、今年(こ と し)の夏(な つ)は本当(ほ ん と う)に暑(あ つ)いですね。

A: ムシムシしていますね。

B: 雨(あ め)が降(ふ)るのか、今日(きょう)はさらにひどいですね。

A: 덥군요.
B: 예, 올 여름은 정말로 덥군요.
A: 푹푹 쩌요.
B: 비가 오려는지 오늘은 더 심하네요.

暑(あつ)い 덥다
うん 응
今年(ことし) 올해
夏(なつ) 여름
本当(ほんとう)に 정말로
ムシムシ 푹푹(무더운 모양)
雨(あめ) 비
降(ふ)る 내리다
今日(きょう) 오늘
さらに 더욱, 게다가
ひどい 심하다, 굉장하다

UNIT 04

계절에 대해 말할 때

일본의 봄은 3월에 시작되며 사람들은 TV의 일기예보에 귀를 기울이며 내 고장에 언제 벚꽃이 필까를 손꼽아 기다립니다. 여름은 5월부터 9월초까지이며 초여름은 짧으며 맑고 따뜻합니다. 이어지는 장마 동안에는 거의 매일 비가 옵니다. 가을에는 가끔 비가 오지만 날씨는 점점 건조하고 서늘해지며 강풍과 태풍을 겪기도 합니다. 그러면 단풍이 들게 됩니다.

□□□ 이제 곧 따뜻한 봄이군요.

もうすぐ暖かい春ですね。

もうすぐ暖かい春ですね。

もう 이제, 벌써, 이미
すぐ 곧
暖(あたた)かい 따뜻하다
春(はる) 봄

□□□ 장마가 들었어요.

梅雨に入りましたよ。

梅雨に入りましたよ。

つゆ(=ばいう)があける 장마가 걷히다

梅雨(つゆ) 장마
入(はい)る 들어가(오)다

□□□ 이제 무더운 여름도 막바지이군요.

もうむし暑い夏も終わりですね。

もうむし暑い夏も終わりですね。

もう 이제, 벌써, 이미
むし暑(あつ)い 무덥다
夏(なつ) 여름
終(おわ)り 끝

□□□ 시원한 가을이 되었군요.

涼しい秋になりましたね。

涼しい秋になりましたね。

涼(すず)しい 시원하다
秋(あき) 가을
~になる ~이(가) 되다

□□□ 드디어 추운 겨울이군요.

いよいよ寒い冬ですね。

いよいよ寒い冬ですね。

春夏秋冬(しゅんかしゅうとう)
춘하추동

いよいよ 드디어, 점점
寒(さむ)い 춥다
冬(ふゆ) 겨울

□□□ 해가 무척 짧아졌어요.

すっかり日が短くなりました。

すっかり日が短くなりました。

すっかり 죄다, 아주
日(ひ) 날, 해
暖(あたた)かい 따뜻하다
~くなる ~해지다

A: 春が待ち遠しいですね。

B: 今年の冬はとても長かったですからね。

A: ええ、それにひどく寒かったでしょう。

B: ええ、去年の冬に比べて雪も多かったです。

A: 봄이 기다려져요.
B: 올 겨울을 무척 길었으니까요.
A: 예, 게다가 몹시 추웠죠.
B: 예, 작년 겨울에 비해 눈도 많았어요.

春(はる) 봄
待(ま)ち遠(どお)しい 오래 기다리다, 기다려지다
今年(ことし) 올해
冬(ふゆ) 겨울
長(なが)い 길다
それに 게다가
ひどい 심하다
寒(さむ)い 춥다
去年(きょねん) 작년
比(くら)べる 비교하다
雪(ゆき) 눈
多(おお)い 많다

UNIT 05

학교에 대해 말할 때

일본도 우리와 마찬가지로 초등학교(小学校), 중학교(中学校), 고등학교(高校), 대학교(大学)가 있습니다. 상대가 학생처럼 보일 경우 학생이냐고 물을 때는 보통 学生さんですか, 학년을 물을 때는 何年生ですか라고 합니다. 어느 학교를 졸업했는지를 물을 때는 どこの学校を出ましたか라고 하고, 전공에 대해서 물을 때는 専攻は何ですか라고 물으면 됩니다.

□□□ 어느 학교를 나왔어요?

どちらの学校を出ましたか。

どちらの学校を出ましたか。

> どちら 어느 쪽
> 学校(がっこう) 학교
> 出(で)る 나오다

□□□ 어느 대학을 다니고 있어요?

どちらの大学に行っていますか。

どちらの大学に行っていますか。

> 小学校(しょうがっこう) 초등학교
> 中学校(ちゅうがっこう) 중학교
> 高等学校(こうとうがっこう)
> 　고등학교
>
> どちら 어느 쪽
> 大学(だいがく) 대학
> 行(い)く 가다

□□□ 전공은 무엇이에요?

専攻は何ですか。

専攻は何ですか。

> 専攻(せんこう) 전공
> 何(なん) 무엇

□□□ 무엇을 전공하셨어요?

何を専攻なさいましたか。

何を専攻なさいましたか。

> なさる는 특수5단동사로 ます가 접속할 때 -ります가 -います로 음편을 한다.
>
> 何(なに) 무엇
> 専攻(せんこう) 전공
> なさる 하시다

□□□ 몇 학년이에요?

何年生ですか。

一年生(いちねんせい) 1학년
二年生(にねんせい) 2학년
三年生(さんねんせい) 3학년
四年生(よねんせい) 4학년
五年生(ごねんせい) 5학년
六年生(ろくねんせい) 6학년

何年生(なんねんせい) 몇 학년

□□□ 학생이세요?

学生さんですか。

学生 학생 ; 특히 대학생
生徒(せいと) 초중고 학생

学生(がくせい) 학생

A: どちらの大学を出ましたか。

B: 去年、慶應大学を卒業しました。

A: 大学で何を専攻したのですか。

B: 経営学です。

A: 어느 대학을 나왔어요?
B: 작년에 게이오 대학을 졸업했습니다.
A: 대학에서 무엇을 전공했어요?
B: 경영학입니다.

どちら 어느 쪽
大学(だいがく) 대학
出(で)る 나오다
去年(きょねん) 작년
卒業(そつぎょう)する 졸업하다
何(なに) 무엇
専攻(せんこう)する 전공하다
経営学(けいえいがく) 경영학

▼ 우리말 해석을 보고 빈칸에 알맞는 일본어를 써넣으세요.

01. 몇 시에 약속이 있어요?

　□□□ 約束がありますか。

02. 이제 갈 시간이에요.

もう行く □□ ですよ。

03. 오늘은 며칠입니까?

今日は □□ ですか。

04. 오늘은 무슨 요일입니까?

今日は □□□ ですか。

05. 오늘은 날씨가 어때요?

今日はどんな □□ ですか。

06. 시원해서 기분이 좋군요.

□□□□ 気持ちがいいですね。

07. 이제 곧 따뜻한 봄이군요.

もうすぐ □□□□ ですね。

08. 드디어 추운 겨울이군요.

いよいよ □□□ ですね。

09. 어느 대학을 다니고 있어요?

どちらの □□ に行っていますか。

10. 몇 학년이에요?

□□□ ですか。

대화 내용의 우리말 해석을 보고 밑줄에 일본어로 써보세요.

A: 今、＿＿＿＿＿＿＿＿

B: 2時5分前です。

A: 지금 몇 시입니까?
B: 2시 5분전입니다.

A: お誕生日は＿＿＿＿＿＿＿＿

B: 4月1日です。

A: 생일은 언제입니까?
B: 4월 1일입니다.

A: 暑いですね。

B: うん、今年の＿＿＿＿＿＿＿＿

A: 덥군요.
B: 예, 올 여름은 정말로 덥군요.

A: 春が＿＿＿＿＿＿＿＿

B: 今年の冬はとても長かったですからね。

A: 봄이 기다려져요.
B: 올 겨울은 무척 길었으니까요.

A: 大学で＿＿＿＿＿＿＿＿

B: 経営学です。

A: 대학에서 무엇을 전공했어요?
B: 경영학입니다.

UNIT 06

학교생활에 대해 말할 때

일본어 학습기관은 일본어 교육기관인 일본어학교와 국제교류협회나 자원봉사 단체 등이 개최하는 일본어 교실, 일본어 강좌 등이 있습니다. 일본어를 모국어로 하지 않는 사람을 대상으로 일본어의 능력을 측정하기 위한 다양한 검정시험이 있습니다. 현재의 실력을 확인하고 진학이나 취직을 할 때 자신의 일본어 능력을 어필하는 데 이용할 수도 있습니다.

□□□ 무슨 동아리에 들었어요?

何のクラブに入ってるんですか。

何のクラブに入ってるんですか。

何(なん)の 무슨
クラブ 클럽, 동아리
入(はい)る 들어가(오)다

□□□ 무슨 아르바이트를 하죠?

何のアルバイトをしているんですか。

何のアルバイトをしているんですか。

何(なん)の 무슨
アルバイト 아르바이트
する 하다

□□□ 언제부터 중간고사가 시작되어요?

いつから中間テストが始まりますか。

いつから中間テストが始まりますか。

いつから 언제부터
中間(ちゅうかん) 중간
テスト 테스트, 시험
始(はじ)まる 시작되다

□□□ 내일부터 기말시험이에요.

あしたから期末試験です。

あしたから期末試験です。

試験を受(う)ける 시험을 보다

あした 내일
期末(きまつ) 기말
試験(しけん) 시험

□□□ 이번 시험은 어땠어요?

今度の試験はどうでしたか。

今度の試験はどうでしたか。

試験に落(お)ちる 시험에 떨어지다
↔ 試験に受(う)かる 시험에 붙다

今度(こんど) 이번
試験(しけん) 시험
どう 어떻게

□□□ 졸업하면 어떻게 할 거예요?

卒業したらどうするんですか。

卒業したらどうするんですか。

たら는 '~하면, ~했다면'의 뜻으로
가정조건을 나타낸다.

卒業(そつぎょう)する 졸업하다
どうする 어떻게 하다

A: 今度(こんど)の試験(しけん)はどうでしたか。

B: 思(おも)ったよりなかなか難(むずか)しかったですよ。

A: 卒業(そつぎょう)したらどうするんですか。

B: 貿易会社(ぼうえきがいしゃ)に入(はい)りたいんです。

A: 이번 시험은 어땠어요?

B: 생각보다 상당히 어려웠어요.

A: 졸업하면 어떻게 할 거예요?

B: 무역회사에 들어가고 싶어요.

今度(こんど) 이번
試験(しけん) 시험
思(おも)ったより 생각보다
なかなか 상당히, 꽤
難(むずか)しい 어렵다
卒業(そつぎょう)する 졸업하다
貿易会社(ぼうえきがいしゃ)
 무역회사 →
会社(かいしゃ) 회사
入(はい)る 들어오(가)다

UNIT 07

직장에 대해 말할 때

직업 분류에는 크게 会社員(かいしゃいん)과 自営業(じえいぎょう)으로 나눌 수 있습니다. 공무원을 役人(やくにん)이라고도 하며, 회사원을 サラリーマン이라고 합니다. 자신이 속해 있는 사람을 외부 사람에게 말을 할 경우에는 우리와는 달리 자신의 상사라도 높여서 말하지 않습니다. 단, 직장 내에서 호출을 할 때 상사인 경우에는 さん을 붙여 말합니다.

□□□ 당신은 회사원이세요?

あなたは会社員ですか。

あなたは会社員ですか。

サラリーマン 샐러리맨

会社員(かいしゃいん) 회사원

□□□ 어느 회사에 근무하세요?

どの会社に勤めていますか。

どの会社に勤めていますか。

~に勤める ~에 근무하다

どの 어느
会社(かいしゃ) 회사
勤(つと)める 근무하다

□□□ 사무실은 어디에 있어요?

オフィスはどこですか。

オフィスはどこですか。

オフィス 오피스, 사무실
どこ 어디

□□□ 회사는 어디에 있어요?

会社はどこにあるんですか。

会社はどこにあるんですか。

会社(かいしゃ) 회사
どこ 어디

□□□ 이 회사에 근무합니다.

この会社に勤めています。

会社(かいしゃ) 회사
勤(つと)める 근무하다

この会社に勤めています。

□□□ 이 회사에서 영업을 하고 있습니다.

この会社で営業をやっています。

会社(かいしゃ) 회사
営業(えいぎょう) 영업
やる 하다

この会社で営業をやっています。

A: どのような会社で働いているのですか。

B: 貿易会社で働いています。

A: 会社はどこにあるんですか。

B: 新宿駅の東口にあります。

A: 어떤 회사에서 일하고 있나요?

B: 무역회사에서 일하고 있습니다.

A: 회사는 어디에 있나요?

B: 신주쿠 역 동쪽출구에 있습니다.

西(にし) 서쪽 / 南(みなみ) 남쪽
北(きた) 북쪽

どのような 어떠한, 어떤
会社(かいしゃ) 회사
働(はたら)く 일하다
貿易会社(ぼうえきがいしゃ)
 무역회사
どこ 어디
駅(えき) 역
東口(ひがしぐち) 동쪽출구

UNIT 08

직장생활에 대해 말할 때

일본의 최대 연휴는 ゴールデンウィーク(Golden Week)입니다. 4월 29일 緑の日 (쇼와왕의 생일로 왕의 사후 명칭을 바꿔 휴일로 계속 지정), 5월 3일 헌법기념일, 5월 4일 국민의 날, 5월 5일 어린이날로 이어지는 대표적 연휴 기간입니다. 주말 연휴와 연결될 경우 해에 따라서는 5~9일간의 연휴로 이어집니다. 대부분의 기업체는 물론, 관공서, 학교 등이 휴무 상태입니다.

□□□ 자, 일을 시작합시다.

さあ、仕事を始めましょう。

さあ、仕事を始めましょう。

-ましょう는 -ます의 권유형으로 '~합시다'의 뜻을 나타낸다.

さあ 자, 아아, 글쎄
仕事(しごと) 일
始(はじ)める 시작하다

□□□ 잠깐 쉽시다.

ひと休みしましょう。

ひと休みしましょう。

一休(ひとやす)みする 잠깐 쉬다

□□□ 곧 점심시간이에요.

そろそろ昼食の時間ですよ。

そろそろ昼食の時間ですよ。

朝食(ちょうしょく) 아침식사 ↔ 夕食(ゆうしょく) 저녁식사

そろそろ 슬슬, 이제 슬슬
昼食(ちゅうしょく) 점심식사
時間(じかん) 시간

□□□ 먼저 갈게요.

お先に失礼します。

お先に失礼します。

お는 접두어로 쓰일 때는 말을 예쁘게 하거나 존경의 뜻을 나타낸다.

先(さき)に 먼저
失礼(しつれい)する 실례하다

□□□ 수고하셨습니다. 내일 또 봐요!

お疲れさまでした。また明日！

お疲れさまでした。また明日！

💬 일을 마치고 헤어질 때 하는 인사 표현이다.

疲(つか)れる 피곤하다, 지치다
また 또
明日(あした) 내일

□□□ 퇴근길에 식사라도 할까요?

帰りに食事でもしましょうか。

帰りに食事でもしましょうか。

💬 ~でもしましょうか
~라도 할까요?

帰(かえ)る 돌아가(오)다
食事(しょくじ)する 식사하다

さき   しつれい
A: わたし、お先に失礼します。

きょう   はや
B: もうですか。今日は早いですね。デートでしょう。

し ごと   はや
A: いいえ、仕事が早くあがっただけですよ。

つか   なん   あや
B: お疲れさまでした。でも、何か怪しいね。

A: 저 먼저 실례할게요.
B: 벌써요? 오늘은 빠르네요. 데이트겠죠?
A: 아니요, 일이 빨리 끝났을 뿐이에요.
B: 수고했어요. 근데 뭔가 수상해.

お先(さき)に 먼저
失礼(しつれい)する 실례하다
もう 벌써
今日(きょう) 오늘
早(はや)い 빠르다, 이르다
デート 데이트
仕事(しごと) 일
あがる (일이) 끝나다
~だけ ~만, ~뿐
疲(つか)れる 피곤하다, 지치다
でも 하지만
怪(あや)しい 이상하다, 수상하다

UNIT 09

가족에 대해 말할 때

자신의 가족을 상대에 말할 때는 윗사람이건 아랫사람이건 모두 낮추어서 말하고 상대방의 가족을 말할 때는 비록 어린애라도 존경의 의미를 나타내는 접두어 ご(お)나 접미어 さん을 붙여서 높여 말합니다. 단, 가족간에 부를 때는 윗사람인 경우는 さん을 붙여 말하며, 아랫사람인 경우는 이름만을 부르거나, 이름 뒤에 애칭인 ちゃん을 붙여 부릅니다.

□□□ 가족은 몇 분이세요?

何人家族ですか。

何人家族ですか。

일본어에서 자신의 가족을 말할 때는 낮춰 말하고, 상대의 가족은 어린애라도 높여 말한다.

何人(なんにん) 몇 사람
家族(かぞく) 가족

□□□ 형제자매는 있으세요?

兄弟姉妹はおありですか。

兄弟姉妹はおありですか。

おありですか는 ありますか의 존경 표현아다.

兄弟(きょうだい) 형제(나)
姉妹(しまい) 자매

□□□ 형제는 몇 명이세요?

ご兄弟は何人ですか。

ご兄弟は何人ですか。

ご는 존경의 뜻을 나타내는 접두어로 한자어에 접속한다.

ご兄弟(きょうだい) 형제(상대)
何人(なんにん) 몇 사람

□□□ 부모님과 남동생이 있습니다.

両親と弟がいます。

両親と弟がいます。

가족 간에 호칭할 때는 윗사람이라면 높여 말한다.

両親(りょうしん) 부모님
弟(おとうと) 남동생

□□□ 우리 집은 대가족입니다.

うちは大家族です。

うちは大家族です。

うち 우리집
大家族(だいかぞく) 대가족 ↔
　核家族(かくかぞく) 핵가족

□□□ 아직 아이는 없어요.

まだ子供はいません。

まだ子供はいません。

まだ 아직
子供(こども) 어린이

A: 何人家族ですか。

B: 4人家族です。両親と妹とわたしです。

A: ご両親はお元気ですか。

B: はい、元気です。

A: 가족은 몇 분이세요?

B: 4명입니다. 부모님과 여동생과 저입니다.

A: 부모님은 건강하시죠?

B: 네, 잘 계세요.

何人(なんにん) 몇 사람
家族(かぞく) 가족
両親(りょうしん) 부모님(나)
妹(いもうと) 여동생
ご両親(りょうしん) 부모님(상대)
お元気(げんき)だ 건강하다,
　잘 지내다

UNIT 10 거주지에 대해 말할 때

お住まいはどちらですか(어디에 사세요?)는 처음 만난 사람에게 묻는 표현이고, 알고 지내는 사이라면 今どこに住んでいますか(지금은 어디에 사세요?)라고 안부 겸해서 물을 수 있는 표현입니다. 주택에 대해서 물을 때는 どんな家に住んでいますか(어떤 집에 살고 있습니까?)라고 하며, 아파트에 살고 있으면 今アパートに住んでいます라고 대답하면 됩니다.

□□□ 어디에 사세요?

お住まい、どちらですか。

お住まい、どちらですか。

> お住(す)まい 거주지
> どちら 어느 쪽

□□□ 어느 동네에 사세요?

どこの町にお住まいですか。

どこの町にお住まいですか。

> どこ 어디
> 町(まち) 집이 많이 모여 있는 구역
> お住(す)まい 거주지

□□□ 댁은 몇 번지이세요?

お宅は何番地ですか。

お宅は何番地ですか。

> お宅(たく) 댁(상대)
> 何番地(なんばんち) 몇 번지

□□□ 직장에서 가까워요?

お勤めからは近いですか。

お勤めからは近いですか。

> 勤め先(さき) 근무처

> お勤(つと)め 근무지, 직장
> ~から ~부터, ~에서
> 近(ちか)い 가깝다

□□□ 원룸 맨션에 살고 있나요?

ワンルームマンションに住んでいますか。

ワンルームマンションに住んでいますか。

💬
일본의 아파트(アパート)는 낮고 비좁은 주거 형태이다. 우리와 같은 아파트는 **マンション**이라고 한다.

ワンルーム 원룸
マンション 맨션
住(す)む 살다

□□□ 댁은 어떤 집이세요?

お宅はどんな家ですか。

お宅はどんな家ですか。

お宅(たく) 댁(상대)
どんな 어떤
家(いえ) 집

A: 見晴（みは）らしがかなりいいですねえ。

B: はい、夜（よる）になれば夜景（やけい）が最高（さいこう）ですよ。

A: あーあ、私（わたし）はいつになったらこんな家（いえ）に住（す）めるかな。

B: どうしてですか。私（わたし）の家（いえ）よりずっと広（ひろ）い家（いえ）に住（す）んでいらっしゃるのに。

A: 전망이 상당히 좋군요.
B: 네, 밤이 되면 야경이 최고예요.
A: 아-, 나는 언제쯤 이런 집에 살 수 있으려나.
B: 왜 그러세요?
   우리 집보다 훨씬 넓은 집에 살고
   계시는데.

見張(みは)らし 전망
かなり 상당히, 꽤
夜(よる) 밤
夜景(やけい) 야경
最高(さいこう)だ 최고다
家(いえ) 집
住(す)める 살 수 있다
ずっと 훨씬
広(ひろ)い 넓다
住(す)む 살다
いらっしゃる 계시다

▼ 우리말 해석을 보고 빈칸에 알맞는 일본어를 써넣으세요.

01. 무슨 아르바이트를 하죠?

何の ☐☐☐☐☐ をしているんですか。

02. 언제부터 중간고사가 시작되어요?

いつから ☐☐☐☐ が始まりますか。

03. 당신은 회사원이세요?

あなたは ☐☐☐ ですか。

04. 이 회사에서 영업을 하고 있습니다.

この会社で ☐☐ をやっています。

05. 자, 일을 시작합시다.

さあ、☐☐ を始めましょう。

06. 수고하셨습니다. 내일 또 봐요!

お ☐☐☐☐ でした。また明日!

07. 가족은 몇 분이세요?

何人 ☐☐ ですか。

08. 형제는 몇 명이세요?

ご ☐☐ は何人ですか。

09. 어디에 사세요?

お ☐☐☐ 、どちらですか。

10. 댁은 어떤 집이세요?

お宅はどんな ☐ ですか。

대화 내용의 우리말 해석을 보고 밑줄에 일본어로 써보세요.

A: 今度の ____

B: 思ったよりなかなか難しかったですよ。

> A: 이번 시험은 어땠어요?
> B: 생각보다 상당히 어려웠어요.

A: どのような ____

B: 貿易会社で働いています。

> A: 어떤 회사에서 일하고 있나요?
> B: 역회사에서 일하고 있습니다.

A: わたし、____

B: もうですか。今日は早いですね。デートでしょう。

> A: 먼저 실례할게요.
> B: 벌써요? 오늘은 빠르네요. 데이트겠죠?

A: ____

B: 4人家族です。両親と妹とわたしです。

> A: 가족은 몇 분이세요?
> B: 4명입니다. 부모님과 여동생과 저입니다.

A: 見晴らしが ____

B: はい、夜になれば夜景が最高ですよ。

> A: 전망이 상당히 좋군요.
> B: 네, 밤이 되면 야경이 최고예요.

UNIT 11

연애에 대해 말할 때

일본어에는 '사랑'이라는 말을 愛(あい)와 恋(こい)로 말합니다. 愛는 넓은 의미의 사랑을 말하고, 恋는 남녀 간의 사랑을 말합니다. '애인'을 恋人(こいびと)와 愛人(あいじん)이라고 하는데, 愛人은 불륜의 관계의 애인을 말합니다. 연애 중일 때는 恋愛中(れんあいちゅう), 헤어질 때는 別(わか)れる, 이성에게 차였을 때는 ふられる라는 표현을 씁니다.

□□□ 우리들은 사이가 좋아요.

わたしたちは仲よしです。

わたしたちは仲よしです。

~たち ~들
仲(なか)よし 사이가 좋음

□□□ 그녀는 그저 친구예요.

彼女はほんの友達ですよ。

彼女はほんの友達ですよ。

ほんの 그저 명색뿐인; 정말 그 정도밖에 못 되는

彼女(かのじょ) 그녀
ほんの 그저, 단지
友達(ともだち) 친구

□□□ 이성 친구는 있어요?

異性の友達はいますか。

異性の友達はいますか。

異性(いせい) 이성
友達(ともだち) 친구

□□□ 남자 친구가 있어요?

ボーイフレンドがいますか。

ボーイフレンドがいますか。

ボーイフレンド 남자친구
↔ ガールフレンド 여자친구

□□□ 나를 어떻게 생각해요?

わたしのことをどう思っていますか。

わたしのこと 나에 관한 것
そう 그렇게
思(おも)う 생각하다

わたしのことをどう思っていますか。

□□□ 나와 사귀지 않을래요?

わたしと付き合ってくれませんか。

付(つ)き合(あ)う 사귀다,
교제하다
~てくれる ~해주다

わたしと付き合ってくれませんか。

A: 最近(さいきん)、ボーイフレンドができたの。

B: ほんと? おめでとう。

A: 彼(かれ)のことを考(かんが)えると、とても切(せつ)なくなるの。

B: それは恋(こい)かもね。

A: 최근에 남자친구가 생겼어.
B: 정말? 축하해.
A: 그를 생각하면, 무척 애틋해져.
B: 그게 사랑일지도 몰라.

最近(さいきん) 최근, 요즘
ボーイフレンド 남자친구
ほんと 정말
おめでとう 축하하다
考(かんが)える 생각하다
とても 매우, 무척
切(せつ)ない 애달프다, 애절하다
恋(こい) 사랑
~かも(しれない) ~일지도 (모른다)

UNIT 12

결혼에 대해 말할 때

일본어에서는 결혼은 현재도 진행 중이므로 과거형으로 말하지 않고 結婚していま す로 말을 합니다. 우리말로 직역하여 結婚しました라고 한다면 일본인은 과거에 결혼한 적이 있고 지금은 이혼해서 혼자 살고 있는 것처럼 여기게 됩니다. 일본인의 결혼은 恋愛結婚 (연애결혼)과 お見合い結婚 (중매결혼)으로 나눌 수 있습니다.

□□□ 어떤 여자를 좋아하세요?

どんな女性が好きですか。

どんな女性が好きですか。

> どんな 어떤
> 女性(じょせい) 여성, 여자
> ↔ 男性(だんせい) 남자
> 好(す)きだ 좋아하다

□□□ 어떤 사람과 결혼하고 싶으세요?

どんな人と結婚したいですか。

どんな人と結婚したいですか。

> どんな 어떤
> 人(ひと) 사람
> 結婚(けっこん)する 결혼하다

□□□ 결혼했어요, 독신이세요?

結婚してますか、独身ですか。

結婚してますか、独身ですか。

> 우리말 '결혼했습니다'는 結婚して いますで 표현한다. ていますの い는 흔히 줄여 말하기도 한다.

> 結婚(けっこん)している
>   결혼했다
> 独身(どくしん) 독신

□□□ 언제 그와 결혼하세요?

いつ彼と結婚しますか。

いつ彼と結婚しますか。

> いつ 언제
> 彼(かれ) 그, 그이
> 結婚(けっこん)する 결혼하다

□□□ 신혼여행은 하와이로 갈 거예요.

新婚旅行はハワイへ行きます。

新婚旅行はハワイへ行きます。

新婚(しんこん) 신혼
旅行(りょこう) 여행
行(い)く 가다

□□□ 이혼했어요.

離婚しています。

離婚しています。

결혼 표현과 마찬가지로 이혼한 상태이므로 ~ています로 표현한다.

離婚(りこん)している 이혼했다

A: 彼女(かのじょ)と結婚(けっこん)することにしたよ。

B: そうか。よく決心(けっしん)したね。おめでとう。

結婚式(けっこんしき)はいつするつもり?

A: そうね。来年(らいねん)の春(はる)はどうかな。

A: 그녀와 결혼하기로 했어.
B: 그래? 잘 결심했어. 축하해.
　　결혼식은 언제 할 생각이야?
A: 글쎄. 내년 봄은 어떨까?

ことにする는 동사의 기본형에 접속하여 의지를 표현한다.

彼女(かのじょ) 그녀
結婚(けっこん)する 결혼하다
~ことにする ~하기로 하다
よく 잘
決心(けっしん)する 결심하다
結婚式(けっこんしき) 결혼식
いつ 언제
つもり 생각, 작정
来年(らいねん) 내년
春(はる) 봄
どうかな 어떨까

UNIT 13 취미에 대해 말할 때

취미만큼 다양한 소재를 가지고 있는 화제도 많지 않으므로 ご趣味は何ですか(취미는 무엇입니까?)로 시작해서 여러 상황에 응용할 수 있도록 잘 익혀두길 바랍니다. 서로가 좋아하는 것과 관심을 가지고 있는 것에 대해 주고받으면 훨씬 대화가 부드럽게 진행됩니다. 무슨 일에 흥미가 있는지를 물을 때는 何に興味をお持ちですか라고 합니다.

□□□ 취미는 뭐예요?

ご趣味はなんですか。

ご趣味はなんですか。

> ご**趣味**(しゅみ) 취미
> **何**(なん) 무엇

□□□ 무슨 취미가 있어요?

何かご趣味はありますか。

何かご趣味はありますか。

> なんか는 なにか의 음편으로 '무언가; 무엇인가'

> **何**(なん)か 무언가
> **趣味**(しゅみ) 취미

□□□ 일 이외에 무슨 흥미가 있어요?

仕事以外に何か興味がありますか。

仕事以外に何か興味がありますか。

> **仕事**(しごと) 일
> **以外**(いがい)に 이외에
> **何**(なん)か 무언가
> **興味**(きょうみ) 흥미

□□□ 특별히 취미라고 할 건 없어요.

特に趣味と言えるものはありません。

特に趣味と言えるものはありません。

> **特**(とく)に 특히
> **趣味**(しゅみ) 취미
> **言**(い)える 말할 수 있다
> もの 것, 물건

□□□ 이렇다 할 취미가 없어요.

これといった趣味がないんですよ。

これといった 이렇다 할
趣味(しゅみ) 취미
ない 없다

□□□ 취미는 즐거운 일이에요.

趣味は楽しいですね。

趣味(しゅみ) 취미
楽(たの)しい 즐겁다

A: いつもカメラを持ち歩いていらっしゃるみたいですね。

B: はい、写真を撮るのが趣味なんです。

A: 主にどんな写真を撮るんですか。

B: 建築物をたくさん撮っています。

A: 늘 카메라를 들고 다니고 계시는 것 같더군요.
B: 네, 사진을 찍는 것이 취미예요.
A: 주로 어떤 사진을 찍으세요?
B: 건축물을 많이 찍고 있습니다.

いつも 늘, 항상
カメラ 카메라
持(も)ち歩(ある)く 들고 다니다
いらっしゃる 계시다
~みたいだ ~것 같다, ~처럼 보이다
写真(しゃしん) 사진
撮(と)る 찍다
趣味(しゅみ) 취미
主(おも)に 주로
建築物(けんちくぶつ) 건축물
たくさん 많이

UNIT 14

여가활동에 대해 말할 때

일본인은 여가의 3분의 1을 파친코나 경마와 같은 도박을 한다고 합니다. 비교적 짧은 휴일에는 많은 사람들이 도박을 즐기면서 시간을 보내지만, 2~3일 동안의 휴일에는 도박보다 운전, 실외활동, 스포츠 등으로 여가를 보냅니다. 또한 3일 이상 계속되는 휴일에는 독서, 공부, 가족간의 대화, 국내나 해외여행을 즐기는 사람들이 많다고 합니다.

□□□ 기분전환으로 어떤 것을 하세요?

気晴らしにどんなことをしますか。

気晴らしにどんなことをしますか。

気晴(きば)らし 기분전환
どんな 어떤
こと 일, 것

□□□ 일이 끝난 후에는 어떻게 보내세요?

仕事の後はどうやって楽しんでますか。

仕事の後はどうやって楽しんでますか。

~でますか는 ~でいますか를 줄인 형태이다.

仕事(しごと) 일
後(あと) 뒤, 나중
どうやって 어떻게 해서
楽(たの)しむ 즐기다, 좋아하다

□□□ 한가할 때는 무엇을 하세요?

お暇なときは何をなさいますか。

お暇なときは何をなさいますか。

暇(ひま)だ 한가하다
とき(時) 때
何(なに) 무엇
なさる 하시다

□□□ 매달 동호인이 모여요.

毎月、同好の士が集まるんですよ。

毎月、同好の士が集まるんですよ。

毎月(まいげつ) 매월
同好(どうこう)の士(し) 동호인
→ 同好会(どうこうかい) 동호회
集(あつ)まる 모이다

□□□ 뭔가 교양 활동을하세요?

何か稽古ごとをしていますか。

何か稽古ごとをしていますか。

何(なに)か 무언가
稽古(けいこ)ごと 젊은 여성이 교양으로 익혀야 할 일들(요리·꽃꽂이·다도·서예 등)

□□□ 영화를 보며 시간을 보내요.

映画を見て暇をつぶします。

映画を見て暇をつぶします。

ひまつぶし 심심풀이

映画(えいが) 영화
見(み)る 보다
暇(ひま) 짬, 틈
つぶす 찌부러뜨리다, 못 쓰게 하다

A: 週末などの暇な時間は、どう過ごしますか。

B: 大抵は家でごろごろと一日潰します。

A: 本でもお読みになりますか。

B: いいえ、ゆったりと座って、テレビでも見て一日を過ごします。

A: 주말 등 한가한 시간은 어떻게 보내세요?

B: 대개는 집에서 빈둥빈둥 하루를 보내요.

A: 책이라도 읽으십니까?

B: 아뇨, 느긋하게 앉아서
    텔레비전이나 보고 하루를 보내요.

週末(しゅうまつ) 주말
暇(ひま)だ 한가하다
時間(じかん) 시간
過(す)ごす 보내다, 지내다
大抵(たいてい) 대개
家(いえ) 집
ごろごろと 빈둥빈둥
一日(いちにち) 하루
潰(つぶ)す 찌부러뜨리다
読(よ)む 읽다
ゆったりと 느긋이
座(すわ)る 앉다
テレビ 텔레비전
見(み)る 보다

UNIT 15

책과 신문에 대해 말할 때

예전에 일본에는 전철에서 책을 읽는 사람들이 많으며 일본 국민의 독서 열기는 대단하다는 이야기를 매스컴을 통해 자주 들을 수 있었습니다. 일본 사람들이 만화를 많이 읽는 것은 사실이지만 만화를 많이 읽는다고 책을 안 읽는 것은 결코 아닙니다. 그러나 요즘은 우리와 마찬가지로 전철을 타면 책을 읽는 사람보다는 스마트폰을 보는 사람이 더 많은 것 같습니다.

□□□ 책을 많이 읽으세요?

本をたくさん読みますか。

本をたくさん読みますか。

たくさん은 '닥상'으로 줄여 발음한다.

本(ほん) 책
たくさん 많이
読(よ)む 읽다

□□□ 평소 어떤 책을 읽으세요?

いつもどんな本を読みますか。

いつもどんな本を読みますか。

いつも 늘, 항상
どんな 어떤
本(ほん) 책
読(よ)む 읽다

□□□ 좋아하는 작가는 누구죠?

好きな作家は誰ですか。

好きな作家は誰ですか。

好(す)きだ 좋아하다
作家(さっか) 작가
誰(だれ) 누구

□□□ 요즘 베스트셀러는 무엇이죠?

現在のベストセラーは何ですか。

現在のベストセラーは何ですか。

現在(げんざい) 현재
ベストセラー 베스트셀러
何(なん) 무엇

□□□ 신문은 무엇을 구독하세요?

新聞は何を取ってますか。

新聞をとる 신문을 구독하다

新聞(しんぶん) 신문
何(なに) 무엇
取(と)る 취하다, 구독하다

□□□ 어떤 잡지를 좋아하세요?

どんな雑誌が好きですか。

どんな 어떤
雑誌(ざっし) 잡지
好(す)きだ 좋아하다

A: いい本があれば貸してくれる?

B: うん、これはベストセラーだよ。

A: あ、そう。これ読んでみたい本だった。

B: それはよかったね。

A: 좋은 책이 있으면 빌려줄래?
B: 응, 이건 베스트셀러야.
A: 아, 그래! 이거 읽어보고 싶은 책이었어.
B: 그것 참 잘됐네.

いい 좋다
本(ほん) 책
貸(か)す 빌려주다
~てくれる ~해주다
ベストセラー 베스트셀러
読(よ)む 읽다
~てみたい ~해보고 싶다
~だった ~이었다
よかった 잘 됐다, 다행이다

▼ 우리말 해석을 보고 빈칸에 알맞는 일본어를 써넣으세요.

01. 이성 친구는 있어요?

　□□ の友達はいますか。

02. 나를 어떻게 생각해요?

　わたしのことを □□□□□ いますか。

03. 어떤 사람과 결혼하고 싶으세요?

　どんな人と □□□□□ ですか。

04. 결혼했어요, 독신이세요?

　□□ してますか、独身ですか。

05. 취미는 뭐예요?

　ご□□ はなんですか。

06. 특별히 취미라고 할 건 없어요.

　特に趣味と □□□□ はありません。

07. 기분전환으로 어떤 것을 하세요?

　□□□□ にどんなことをしますか。

08. 한가할 때는 무엇을 하세요?

　□□□ ときは何をなさいますか。

09. 평소 어떤 책을 읽으세요?

　いつも □□□□ を読みますか。

10. 어떤 잡지를 좋아하세요?

　どんな □□ が好きですか。

▼ 대화 내용의 우리말 해석을 보고 밑줄에 일본어로 써보세요.

A: 最近、＿＿＿＿＿＿＿＿＿＿

B: ほんと？ おめでとう。

> A: 최근에 남자친구가 생겼어.
> B: 정말? 축하해.

A: 彼女と＿＿＿＿＿＿＿＿＿

B: そうか。 よく決心したね。 おめでとう。

> A: 그녀와 결혼하기로 했어.
> B: 그래? 잘 결심했어. 축하해.

A: いつもカメラを持ち歩いていらっしゃるみたいですね。

B: はい、＿＿＿＿＿＿＿＿＿

> A: 늘 카메라를 들고 다니고 계시는 것 같더군요.
> B: 네, 사진을 찍는 것이 취미예요.

A: 週末などの＿＿＿＿＿＿＿

B: 大抵は家でごろごろと一日潰します。

> A: 주말 등 한가한 시간은 어떻게 보내세요?
> B: 대개는 집에서 빈둥빈둥 하루를 보내요.

A: いい本があれば貸してくれる？

B: うん、＿＿＿＿＿＿＿＿＿

> A: 좋은 책이 있으면 빌려줄래?
> B: 응, 이건 베스트셀러야.

UNIT 16 음악과 그림에 대해 말할 때

日本画(にほんが)는 중국의 수묵화나 서양의 수채화와는 확연히 구분되는 독특한 스타일이 있습니다. 재료는 석채(石彩)를 사용하고, 기법은 중채(重彩)로 그리며, 서정적인 화조월풍을 소재로 한 조형주의라는 점에서 독특한 영역이 있습니다. 여기에 인공미와 치밀성, 과학성, 색채미, 보존성 등을 들 수 있습니다.

□□□ 음악은 좋아하세요?

音楽はお好きですか。

音楽はお好きですか。

歌(うた)を歌(うた)う
노래를 부르다

音楽(おんがく) 음악
好(す)きだ 좋아하다

□□□ 요즘 인기 있는 노래는 뭐예요?

最近、人気のある歌は何ですか。

最近、人気のある歌は何ですか。

人気のある의 の는 が의 뜻으로 하나의 구가 뒤의 명사를 수식할 때는 주어 또는 그 대상을 가리킨다.

最近(さいきん) 최근, 요즘
人気(にんき) 인기
歌(うた) 노래
何(なん) 무엇

□□□ 당신은 피아노를 칠 줄 아세요?

あなたはピアノを弾けますか。

あなたはピアノを弾けますか。

弾ける는 弾く의 가능형으로 '칠 수 있다'의 뜻이다.

ピアノ 피아노
弾(ひ)く 치다, 켜다

□□□ 어떤 그림을 좋아하세요?

どんな絵が好きですか。

どんな絵が好きですか。

絵(え)を描(か)く 그림을 그리다

どんな 어떤
絵(え) 그림
~が好(す)きだ ~을(를) 좋아하다

□□□ 저 화가 개인전이에요?

あの画家の個展ですか。

あの画家の個展ですか。

画家(がか) 화가
個展(こてん) 개인전

□□□ 그림을 그리는 것을 무척 좋아해요.

絵を描くのが大好きです。

絵を描くのが大好きです。

絵(え) 그림
描(か)く 그리다
大好(だいす)きだ 매우 좋아하다
↔ 大嫌(だいきら)いだ 무척 싫어하다

A: 弾ける楽器はありますか。

B: 子供の頃、ピアノを習っていました。

A: 今もピアノを弾きますか。

B: いいえ、今は全然弾きません。

A: 연주할 수 있는 악기가 있나요?

B: 어렸을 적 피아노를 배웠어요.

A: 지금도 피아노를 치세요?

B: 아뇨, 지금은 전혀 치지 않아요.

弾(ひ)ける 칠(켤) 수 있다
楽器(がっき) 악기
子供(こども) 어린이
頃(ころ) 무렵
ピアノ 피아노
習(なら)う 배우다
今(いま) 지금
全然(ぜんぜん) 전혀

UNIT 17

텔레비전과 영화에 대해 말할 때

일본은 섬나라라서 토속적인 이야기가 많습니다. 그래서 영화화할 수 있는 콘텐츠가 다양합니다(사무라이, 귀신이야기 등). 같은 공포영화를 비교해도 우리나라는 전설의 고향류 공포가 일색이지만(한 맺힌 귀신이야기) 일본영화는 저주받은 비디오 이야기(링)에 저주받은 집(주온), 그리고 기니피그 같은 마니아 취향의 고어물, 심지어 좀비스플래터 영화까지 만듭니다.

□□□ 그 드라마 보세요?

あのドラマ、見ていますか。

あのドラマ、見ていますか。

時代劇(じだいげき) 사극
芸能人(げいのうじん) 연예인

あの 그(서로 알고 있을 때), 저
ドラマ 드라마
見(み)る 보다

□□□ 그 프로그램은 재미없어요.

あの番組はつまらないんです。

あの番組はつまらないんです。

あの 그(서로 알고 있을 때), 저
番組(ばんぐみ) (방송) 프로그램
つまらない 하찮다, 재미없다
↔ 面白(おもしろ)い 재미있다

□□□ 뉴스를 보죠.

ニュースを見ましょう。

ニュースを見ましょう。

ラジオ 라디오 / テレビ 텔레비전

ニュース 뉴스
見(み)る 보다

□□□ 영화는 자주 보러 가세요?

映画にはよく行きますか。

映画にはよく行きますか。

동작성 명사에 ~に行く를 접속해도 '~하러 가다'의 뜻으로 목적을 나타낸다.

映画(えいが) 영화
よく 자주, 잘
行(い)く 가다

□□□ 지금 어떤 영화를 하죠?

今どんな映画をやってますか。

今どんな映画をやってますか。

俳優(はいゆう) 배우
女優(じょゆう) 여배우

今(いま) 지금
どんな 어떤
映画(えいが) 영화
やる 하다

□□□ 어떤 영화를 좋아하세요?

どんな映画がお好きですか。

どんな映画がお好きですか。

どんな 어떤
映画(えいが) 영화
~がお好(す)きだ ~을(를) 좋아하다

A: 家に帰って何をするつもりなの?

B: テレビを見ながら休みたいわ。

A: あのドラマ、見てる?

B: もちろんよ。今週も必ず見るわ。

A: 집에 가서 뭐 할 거야?

B: 텔레비전을 보면서 쉬고 싶어.

A: 그 드라마 보니?

B: 물론이지. 이번 주도 꼭 볼 거야.

ながらは 동사의 중지형에 접속하여 동시동작을 나타낸다.

家(いえ) 집
帰(かえ)る 돌아오(가)다
つもり 생각, 작정
テレビ 텔레비전
見(み)る 보다
~ながら ~하면서
休(やす)む 쉬다
ドラマ 드라마
もとろん 물론
今週(こんしゅう) 이번 주
必(かなら)ず 반드시, 꼭

UNIT 18

식성과 맛에 대해 말할 때

배가 고플 때는 おなかがすいた, 배가 부를 때는 おなかがいっぱいだ라고 하며, 식욕이 없을 때는 食欲がありません이라고 합니다. 음식의 맛을 물어볼 때는 味はどうですか로 하며, 맛있을 때는 おいしい, 맛이 없을 때는 まずい라고 합니다. う まい는 맛에 관해 말할 때는 주로 남성어로 쓰이며, 여성의 경우는 おいしい를 쓰는 것이 일반적입니다.

□□□ 요즘 별로 식욕이 없어요.

この頃あまり食欲がありません。

この頃あまり食欲がありません。

この頃(ごろ) 요즘
あまり 그다지, 별로
食欲(しょくよく) 식욕

□□□ 맛은 어때요?

味はどうですか。

味はどうですか。

あじわう 맛보다

味(あじ) 맛
どう 어떻게

□□□ 정말로 맛있군요.

本当においしいですね。

本当においしいですね。

本当(ほんとう)に 정말로
おいしい 맛있다
↔ まずい 맛없다

□□□ 이 요리 맛있네요.

この料理、うまいですね。

この料理、うまいですね。

うまい는 주로 남자를 맛을 표현할 때 쓴다.

料理(りょうり) 요리
うまい 맛있다, 잘하다

□□□ 이건, 맛이 없어요.

これ、まずいですよ。

まずい 맛없다
↔ おいしい 맛있다

□□□ 아쉽지만 입에 안 맞아요.

残念ながら口に合いません。

口に合う 입에 맞다 ↔ 口に合わ
ない 입에 맞지 않다

残念(ざんねん)ながら 유감스럽
　게도, 아쉽게도
口(くち) 입
合(あ)う 맞다

A: どうして食べ(た)ないんですか。

B: お腹(なか)がいっぱいです。

A: あんまり食べ(た)てないじゃないですか。

B: この頃食欲(ごろしょくよく)がなくて、少し食べ(すこ た)ただけでもお腹(なか)が

いっぱいになるのです。

お腹がいっぱいだ 배가 부르다 ↔
お腹がぺこぺこだ 배가 고프다

どうして 왜, 어째서
食(た)べる 먹다
お腹(なか) 배
いっぱいだ 가득차다
あんまり 그다지, 별로
　*あまり의 강조
食欲(しょくよく) 식욕
少(すこ)し 조금
~になる ~해지다

A: 왜 안 먹어요?
B: 배가 불러요.
A: 별로 안 먹었잖아요.
B: 요즘 식욕이 없어서 조금만 먹어도
　배가 불러요.

UNIT 19

건강에 대해 말할 때

건강은 무엇으로도 바꿀 수 없는 아주 소중한 것입니다. 상대의 건강이 안 좋아 보일 때는 ご気分でも悪いんですか(어디 편찮으세요?)라고 물어봅시다. 상대가 자신의 건강에 대해서 신경을 써주면 그만큼 자신에 관심이 있다는 것을 나타내므로 무척 고마운 일이 아닐 수 없습니다. 이럴 때는 먼저 감사를 표시하고 자신의 건강상태를 말합시다.

□□□ 오늘 기분은 어때요?

今日の気分はどうですか。

今日の気分はどうですか。

今日(きょう) 오늘
気分(きぶん) 기분
どう 어떻게

□□□ 기운이 없어 보이네요.

元気がないようですね。

元気がないようですね。

ようだ는 활용어에 접속하여 불확실한 또는 완곡한 단정을 나타낸다.

元気(げんき) 기운, 건강
ない 없다
~ようだ ~것 같다, ~처럼 보이다

□□□ 편찮으세요?

ご気分でも悪いんですか。

ご気分でも悪いんですか。

気分が悪い 속이 안 좋다, 기분이 나쁘다

気分(きぶん) 기분
悪(わる)い 나쁘다, 안 좋다

□□□ 어디가 안 좋으세요?

どこが悪いんですか。

どこが悪いんですか。

どこ 어디
悪(わる)い 나쁘다, 안 좋다

□□□ 늘 운동하세요?

いつも運動していますか。

いつも 늘, 항상
運動(うんどう)する 운동하다

いつも運動していますか

□□□ 요즘 운동 부족이에요.

このところ、運動不足です。

このところ 요즘, 최근
運動不足(うんどうぶそく) 운동부족

このところ、運動不足です

A: 今日は調子はいかがですか。

B: ちょっと気分が優れないんです。

A: 何か心配事でもありますか。

B: 仕事が思うように、うまくはかどらないんです。

A: 오늘은 상태가 어때요?
B: 기분이 좀 안 좋아요.
A: 무슨 걱정거리라도 있어요?
B: 일이 생각처럼 잘 진척되지 않아요.

今日(きょう) 오늘
調子(ちょうし) 상태, 컨디션
いかが 어떻게
ちょっと 좀
気分(きぶん) 기분
優(すぐ)れる 뛰어나다
心配事(しんぱいごと) 걱정거리
仕事(しごと) 일
思(おも)う 생각하다
~ように ~처럼, ~같이
うまい 좋다, 잘하다
はかどる 진척되다, 일이 순조롭게
　되어 가다

운동이나 스포츠에 대해 말할 때

스포츠에 관한 화제는 상대와의 공통점을 발견할 수 있는 좋은 기회로 쉽게 친해질 수 있는 계기가 됩니다. 어떤 스포츠를 하느냐고 물을 때는 どんなスポーツをやっていますか, 어떤 스포츠를 좋아하느냐고 물을 때는 どんなスポーツがお好きですか, 스포츠 관전을 권유할 때는 東京ドームへ行きませんか(도쿄돔에 안 갈래요?)라고 하면 됩니다.

□□□ 어떤 스포츠를 하세요?

どんなスポーツをやりますか。

どんなスポーツをやりますか。

どんな 어떤
スポーツ 스포츠
やる 하다

□□□ 최근 골프를 시작했어요.

最近、ゴルフを始めました。

最近、ゴルフを始めました。

最近(さいきん) 최근, 요즘
ゴルフ 골프
始(はじ)める 시작하다

□□□ 어떤 스포츠를 좋아하세요?

どんなスポーツが好きですか。

どんなスポーツが好きですか。

どんな 어떤
スポーツ 스포츠
好(す)きだ 좋아하다

□□□ 스포츠라면 무엇이든 좋아해요.

スポーツなら何でも好きです。

スポーツなら何でも好きです。

どこでも 어디든 / いつでも 언제라도 / どれでも 어느것이든

スポーツ 스포츠
~なら ~이라면
何(なん)でも 무엇이든
好(す)きだ 좋아하다

□□□ 운동은 못해요.

運動は苦手です。

運動は苦手です。

運動(うんどう) 운동
苦手(にがて)だ 잘하지 못하다, 서툴다

□□□ 팀으로 하는 스포츠는 별로 안 해요.

チームスポーツはあまりやりません。

チームスポーツはあまりやりません。

チーム 팀
スポーツ 스포츠
あまり 그다지, 별로
やる 하다

A: スポーツは何が好きですか。

B: ゴルフが好きです。

A: いつからゴルフを始めましたか。

B: 5年前から始めましたが、今も習っています。

A: 스포츠는 무엇을 좋아하세요?
B: 골프를 좋아해요.
A: 언제부터 골프를 시작했어요?
B: 5년 전부터 시작했는데
　 지금도 배우고 있어요.

スポーツ 스포츠
~が好(す)きだ ~을(를) 좋아하다
ゴルフ 골프
始(はじ)める 시작하다
5年前(ごねんまえ) 5년전
今(いま) 지금
習(なら)う 배우다, 익히다

▼ 우리말 해석을 보고 빈칸에 알맞는 일본어를 써넣으세요.

01. 음악은 좋아하세요?

☐☐ はお好きですか。

02. 어떤 그림을 좋아하세요?

どんな ☐ が好きですか。

03. 그 드라마 보세요?

あの ☐☐☐ 、見ていますか。

04. 영화는 자주 보러 가세요?

☐☐ にはよく行きますか。

05. 요즘 별로 식욕이 없어요.

この頃あまり ☐☐ がありません。

06. 맛은 어때요?

☐ はどうですか。

07. 기운이 없어 보이네요.

☐☐ がないようですね。

08. 편찮으세요?

☐☐☐ でも悪いんですか。

09. 어떤 스포츠를 하세요?

どんな ☐☐☐☐ をやりますか。

10. 스포츠라면 무엇이든 좋아해요.

☐☐☐☐☐☐ 何でも好きです。

▶ 대화 내용의 우리말 해석을 보고 밑줄에 일본어로 써보세요.

A: 弾ける _____

B: 子供の頃、ピアノを習っていました。

> A: 연주할 수 있는 악기가 있나요?
> B: 어렸을 적 피아노를 배웠어요.

A: 家に帰って何をするつもりなの?

B: _____ 休みたいわ。

> A: 집에 가서 뭐 할 거야?
> B: 텔레비전을 보면서 쉬고 싶어.

A: どうして食べないんですか。

B: _____

> A: 왜 안 먹어요?
> B: 배가 불러요.

A: 今日は _____

B: ちょっと気分が優れないんです。

> A: 오늘은 상태가 어때요?
> B: 기분이 좀 안 좋아요.

A: スポーツは _____

B: ゴルフが好きです。

> A: 스포츠는 무엇을 좋아하세요?
> B: 골프를 좋아해요.

UNIT 21 외모에 대해 말할 때

상대의 키를 물을 때는 背はどのくらいありますか(키는 어느 정도입니까?), 몸무게를 물을 때는 体重はどのくらいですか(체중은 어느 정도입니까?)라고 합니다. 다만, 상대의 신체에 관련된 질문을 할 때는 경우에 따라서는 약점을 건드릴 수도 있으므로 신중하게 질문할 필요가 있습니다. 예쁘다고 할 때는 きれい라고 하며, 귀엽다고 할 때는 かわいい라고 합니다.

□□□ 키가 어떻게 돼요?

背はどのくらいありますか。

背はどのくらいありますか。

> ある는 '(무게·넓이·높이·거리 따위가) 얼마큼 되다'는 뜻을 나타낸다.
>
> 背(せ) 키
> どのくらい 어느 정도

□□□ 몸무게는 어떻게 돼요?

体重はどのくらいですか。

体重はどのくらいですか。

> 体重(たいじゅう) 체중, 몸무게
> どのくらい 어느 정도

□□□ 좀 살이 찐 것 같아요.

ちょっと太りすぎてるようです。

ちょっと太りすぎてるようです。

> ~てるようです는 ~ているようです의 줄임말이다.
>
> ちょっと 좀
> 太(ふと)りすぎる 너무 살찌다 ↔
> やせる 여위다; 살이 빠지다
> ~ようだ ~것 같다

□□□ 눈이 예쁘고 귀여운 여자가 좋아요.

目がきれいなかわいい女の子が好きです。

目がきれいなかわいい女の子が好きです。

> 目(め) 눈
> きれいだ 예쁘다
> かわいい 귀엽다
> 女の子(おんなのこ) 여자아이 ↔
> 男の子(おとこのこ) 남자아이
> 好(す)きだ 좋아하다

□□□ 남자 친구는 미남이에요.

彼はハンサムです。

彼(かれ) 그, 그이
ハンサム 핸섬

彼はハンサムです。

□□□ 난 아버지를 많이 닮았어요.

わたしは父によく似ています。

~に似る(そっくりだ) ~를 닮다(꼭 닮다)

父(ちち) 아버지
よく 많이, 잘
似(に)る 닮다

わたしは父によく似ています。

A: わたしがいくつに見えますか。

B: およそ３０前後でしょうね。

A: 違いました。４０です。

B: 本当ですか。年よりとても若く見えます。

A: 제가 몇 살로 보이나요?

B: 약 30 전후겠지요.

A: 틀렸어요. 마흔입니다.

B: 정말요? 나이보다 너무 젊어 보여요.

いくつ 몇 개, 몇 살
見(み)える 보이다
およそ 약, 대략
前後(ぜんご) 전후, 앞뒤
違(ちが)う 틀리다
本当(ほんとう) 정말
年(とし)より 나이보다
とても 매우
若(わか)い 젊다

UNIT 22

옷차림에 대해 말할 때

일본인의 패션은 우리나라와 비슷합니다. 특히 젊은이들은 대중매체의 영향에 따라 패션이 바뀌는 것은 마찬가지이지만, 유행에 대한 민감도도 우리처럼 높은 것 같습니다. 우리말의 '~에 맞다'라고 말할 때는 ~に合う라고 하며, 잘 어울린다고 말할 때는 よく似合う라고 합니다.

□□□ 오늘은 무얼 입고 갈까?

今日は何を着て行こうかな。

今日は何を着て行こうかな。

💬
服(ふく)を着る 옷을 입다

今日(きょう) 오늘
何(なに) 무엇
着(き)る 입다
行(い)く 가다

□□□ 이 셔츠와 이 넥타이는 안 어울릴까?

このシャツとこのネクタイは合わないかな。

このシャツとこのネクタイは合わないかな。

シャツ 셔츠
ネクタイ 넥타이
合(あ)う 맞다

□□□ 옷에 맞는 가방이 없어요.

洋服に合ったバッグがありません。

洋服に合ったバッグがありません。

洋服(ようふく) (서양) 옷
合(あ)う 맞다
バッグ 백, 가방

□□□ 이 옷은 어린 티가 나지 않아요?

この服は子供っぽくないんですか。

この服は子供っぽくないんですか。

服(ふく) 옷
子供(こども)っぽい (나이에 비해)
어린아이 같다, 유치하다

□□□ 이 바지는 맞춰 입기에 좋아요.

このズボンは着回しがききます。

このズボンは着回しがききます。

ズボンをはく 바지를 입다

ズボン 바지
着回(きまわ)し 한 벌의 의복을 여러 가지로 조합해서 입음
きく 듣다, 효과가 있다

□□□ 이건 지금 유행하는 헤어스타일이에요.

これは今流行のヘアスタイルです。

これは今流行のヘアスタイルです。

今(いま) 지금
流行(りゅうこう) 유행
ヘアスタイル 헤어스타일

A: その服、とてもきれいですね。

B: そうですか。ありがとう。

A: とてもよく似合っています。

B: 本当ですか。

A: 그 옷 너무 예쁘네요.
B: 그래요? 고마워요.
A: 너무 잘 어울려요.
B: 정말이세요?

服(ふく) 옷
とても 매우, 무척
ありがとう 고맙다
きれいだ 예쁘다
よく 잘, 많이
似合(にあ)う 어울리다
本当(ほんとう) 정말

UNIT 23 성격에 대해 말할 때

일본인의 성격을 표현하는 말이 '혼네(本音)'와 '다떼마에(建前)'입니다. '혼네'란 마음속의 본심을 말하며, 속마음을 드러내지 않고 겉으로 그냥 하는 말을 '다떼마에'라고 합니다. 이처럼 일본인은 남의 입장을 곤란하게 하는 것은 실례라 생각하여 자신의 생각을 직접 표현하여 입장을 드러내기보다는 예의를 지키고 배려해 주는 것을 미덕으로 여기기 때문입니다.

□□□ 당신의 성격이 어떻다고 생각하세요?

あなたの性格はどんなだと思いますか。

あなたの性格はどんなだと思いますか。

性格(せいかく) 성격
どんな 어떤
~と思(おも)う ~라고 생각하다

□□□ 친구는 잘 사귀는 편이세요?

友達はすぐできるほうですか。

友達はすぐできるほうですか。

友達(ともだち) 친구
すぐ 곧
できる 생기다, 할 수 있다
ほう 쪽, 편

□□□ 당신은 외향적이라고 생각하세요?

あなたは外向的だと思いますか。

あなたは外向的だと思いますか。

外交的(がいこうてき) 외향적 ↔
内向的(ないこうてき) 내향적
思(おも)う 생각하다

□□□ 남자 친구는 소극적인 성격이에요.

彼はひっこみ思案のほうです。

彼はひっこみ思案のほうです。

彼(かれ) 그, 그이
ひっこみ思案(じあん) 적극성이
없음, 소극적임

□□□ 여자 친구는 성격이 급한 편이에요.

彼女は気が短いほうです。

彼女は気が短いほうです。

気が短い 성질이 급하다

彼女(かのじょ) 그녀
気(き) 마음
短(みじか)い 짧다

□□□ 남자 친구는 장난기가 좀 있어요.

彼はちょっといたずらっ気があります。

彼はちょっといたずらっ気があります。

いたずらをする 장난을 치다

彼(かれ) 그, 그이
ちょっと 좀
いたずらっ気(け) 장난기

A: あなたは友達はすぐできるほうですか。

B: いいえ、あまり社交的ではありません。

A: あなたは自分をどんな性格の持ち主だと思いますか。

B: 内向的だと思っています。

A: 당신은 친구는 금방 생기는 편입니까?
B: 아니오, 그다지 사교적이지는 않습니다.
A: 당신은 자신을 어떤 성격의 소유자라고
  생각하십니까?
B: 내향적이라고 생각합니다.

友達(ともだち) 친구
できる 생기다
あまり 그다지, 별로
社交的(しゃこうてき) 사교적
自分(じぶん) 자기, 자신
どんな 어떤
性格(せいかく) 성격
持ち主(もちぬし) 소유자
~だと思(おも)う
 ~이라고 생각하다
内向的(ないこうてき) 내향적

UNIT 24

술과 담배에 대해 말할 때

일본인도 우리와 마찬가지로 함께 술을 마시면서 건배를 할 때는 乾杯(かんぱい)라고 외칩니다. 그러나 우리와는 달리 술을 권할 때는 한손으로 따라도 됩니다. 그리고 상대방이 잔에 술이 조금 남아 있을 때는 첨잔하는 것도 한국과는 크게 다른 점입니다. 그러나 담배는 상하 관계없이 자유로운 분위기에서 피울 수 있지만, 금연 구역은 우리와는 차이가 없습니다.

□□□ 어느 정도 술을 마시나요?

どのくらい酒を飲みますか。

どのくらい酒を飲みますか。

> どのくらい 어느 정도
> 酒(さけ) 술
> 飲(の)む 마시다

□□□ 저는 술에 약한 편이에요.

わたしは酒に弱いほうです。

わたしは酒に弱いほうです。

> 酒に強(つよ)い 술이 세다
> ~ほうです ~편입니다
> 酒(さけ) 술
> 弱(よわ)い 약하다

□□□ 김씨는 술꾼이에요.

金さんは大酒飲みです。

これはほんです。

> 大酒飲(おおざけの)み 대주가, 술꾼

□□□ 앞으로 담배와 술을 끊으려고 해요.

これからタバコとお酒を止めようと思っています。

これからタバコとお酒を止めようと思っています。

> これから 이제부터
> タバコ 담배
> お酒(さけ) 술
> 止(や)める 그만두다, 끊다
> ~ようと思(おも)う ~하려고 하다

□□□ 여기서 담배를 피워도 될까요?

ここでタバコを吸ってもいいですか。

ここでタバコを吸ってもいいですか。

タバコをすう 담배를 피우다

ここで 여기서
タバコ 담배
吸(す)う 들이마시다, 마시다, 빨아
　들이다

□□□ 여기는 금연입니다.

ここは禁煙になっています。

ここは禁煙になっています。

禁煙(きんえん) 금연
~になる ~이(가) 되다

A: 今(いま)もタバコを吸(す)っているの。

B: うん、まだ吸(す)っている。お前(まえ)は?

A: もう止(や)めたよ。タバコを止(や)めたほうがいいよ。

B: わかっているけど、止(や)められないんだよ。

A: 지금도 담배를 피우고 있니?
B: 응, 아직 피우고 있어. 너는?
A: 이제 끊었어. 담배를 끊는 게 좋아.
B: 알고 있지만 끊을 수 없어.

~たほうがいい ~하는 게 좋다

タバコ 담배
吸(す)う 들이마시다, 마시다, 빨아
　들이다
まだ 아직
お前(まえ) 너
止(や)める 그만두다, 끊다
わかる 알다, 이해하다
止(や)められる 그만둘 수 있다

UNIT 25

여행에 대해 말할 때

단체로 일본여행을 가면 현지 사정에 밝은 가이드가 안내와 통역을 해주기 때문에 말이 통하지 않아 생기는 불편함은 그다지 크지 않을 수 있습니다. 하지만, 일본인을 직접 만나서 대화를 하거나 물건을 구입할 때 등에는 회화가 절대적으로 필요하며, 여행지에서의 자유로운 의사소통은 한층 여행을 즐겁고 보람차게 해주므로 가기 전에 미리 회화를 공부하는 것도 좋습니다.

□□□ 어딘가로 여행을 떠나고 싶군요.

どこかへ旅に出たいですね。

どこかへ旅に出たいですね。

💬 旅に出る 여행을 떠나다

≣ どこか 어딘가
旅(たび) 여행
出(で)る 나가다

□□□ 마음 내키는 대로 여행을 하고 싶군요.

気ままな旅をしたいですね。

気ままな旅をしたいですね。

💬 旅をする 여행을 하다

≣ 気(き)ままだ 스스럼없이 원하는 대로 행동하다, 마음대로이다
旅(たび) 여행

□□□ 이번에 여행을 하죠.

今度、旅行しましょう。

今度、旅行しましょう。

≣ 今度(こんど) 이번
旅行(りょこう)する 여행하다

□□□ 해외여행을 한 적이 있어요?

海外旅行したことがありますか。

海外旅行したことがありますか。

💬 동사의 과거형에 ことがある를 접속하면 과거의 경험을 나타낸다.

≣ 海外(かいがい) 해외
旅行(りょこう)する 여행하다
~たことがある ~한 적이 있다

□□□ 더 싼 패키지 여행은 없어요?

もっと安いパック旅行はありませんか。

もっと 더욱, 더
安(やす)い (값이) 싸다 ↔
高(たか)い 비싸다
パック 패키지
旅行(りょこう) 여행

□□□ 관광 시즌이라 사람이 많네요.

観光シーズンだから人が多いですね。

観光(かんこう) 관광
シーズン 시즌
人(ひと) 사람
~だから ~이니까, ~이라서
多(おお)い 많다

A: 旅行(りょこう)はどこに行(い)くことにしましたか。

B: 京都(きょうと)と大阪(おおさか)に行(い)くつもりです。

A: 京都(きょうと)はいいですよ。古(ふる)い文化財(ぶんかざい)がたくさん残(のこ)っています。

B: だから京都(きょうと)には必(かなら)ず一度(いちど)行(い)ってみたかったのです。

A: 여행은 어디로 가기로 했나요?

B: 교토와 오사카에 갈 생각입니다.

A: 교토는 좋아요. 오래된 문화재가
많이 남아 있습니다.

B: 그래서 교토에는 꼭 한번
가보고 싶었습니다.

旅行(りょこう) 여행
~ことにする ~하기로 하다
~つもりだ ~생각(작정)이다
古(ふる)い 낡다, 오래되다
文化財(ぶんかざい) 문화재
たくさん 많이
残(のこ)る 남다
だから 그래서
必(かなら)ず 반드시, 꼭
一度(いちど) 한 번
~てみたい ~해보고 싶다

▼ 우리말 해석을 보고 빈칸에 알맞는 일본어를 써넣으세요.

01. 키가 어떻게 돼요?

背は ⬜⬜⬜⬜⬜ ありますか。

02. 좀 살이 찐 것 같아요.

ちょっと ⬜⬜⬜⬜ てるようです。

03. 옷에 맞는 가방이 없어요.

洋服 ⬜⬜⬜⬜ バッグがありません。

04. 이 바지는 맞춰 입기에 좋아요.

このズボンは ⬜⬜⬜ がききます。

05. 당신의 성격이 어떻다고 생각하세요?

あなたの ⬜⬜ はどんなだと思いますか。

06. 당신은 외향적이라고 생각하세요?

あなたは ⬜⬜⬜ だと思いますか。

07. 어느 정도 술을 마시나요?

どのくらい ⬜ を飲みますか。

08. 여기서 담배를 피워도 될까요?

ここで ⬜⬜⬜ を吸ってもいいですか。

09. 마음 내키는 대로 여행을 하고 싶군요.

気ままな ⬜ をしたいですね。

10. 해외여행을 한 적이 있어요?

⬜⬜⬜⬜ したことがありますか。

▼ 대화 내용의 우리말 해석을 보고 밑줄에 일본어로 써보세요.

A: わたしが _____

B: およそ30前後でしょうね。

    A: 제가 몇 살로 보이나요?
    B: 약 30 전후겠지요.

A: その服、_____

B: そうですか。ありがとう。

    A: 그 옷 너무 예쁘네요.
    B: 그래요? 고마워요.

A: あなたは友達はすぐできるほうですか。

B: いいえ、あまり _____

    A: 당신은 친구는 금방 생기는 편입니까?
    B: 아니오, 그다지 사교적이지는 않습니다.

A: 今も _____

B: うん、まだ吸っている。お前は?

    A: 지금도 담배를 피우고 있니?
    B: 응, 아직 피우고 있어. 너는?

A: 旅行は _____

B: 京都と大阪に行くつもりです。

    A: 여행은 어디로 가기로 했나요?
    B: 교토와 오사카에 갈 생각입니다.

01 입는 것

의복 전반

옷	[服]	ふく
의복	[衣服]	いふく
제복	[制服]	せいふく
교복	[学生服]	がくせいふく
의상	[衣装]	いしょう
복장	[服装]	ふくそう
옷차림	[身なり]	みなり
멋	[粋]	いき
깃, 칼러	[襟]	えり
주머니	[巾着]	きんちゃく
호주머니	[ポケット]	
소매	[袖]	そで
긴소매	[長袖]	ながそで
반소매	[半袖]	はんそで
민소매	[袖なし]	そでなし

옷의 재료

옷감	[服の材料]	ふくのざいりょう
천	[布]	ぬの
헝겊	[布切れ]	ぬのぎれ
솜	[綿]	わた
가죽	[皮・革]	かわ
단추	[ボタン]	
바늘	[針]	はり
실	[糸]	いと
골무	[指抜き]	ゆびぬき
직물	[織物]	おりもの
편물	[編み物]	あみもの
니트	[ニット]	
면, 목면	[綿]	めん
실크	[シルク]	
폴리에스텔	[ポリエステル]	
스판	[スパン]	
우레탄	[ウレタン]	
비닐	[ビニール]	

염료	[染料]	せんりょう
염색	[染色]	せんしょく
무늬	[柄]	がら
봉제	[縫製]	ほうせい
재봉틀	[ミシン]	
모피	[毛皮]	けがわ
모직물, 울	[ウール]	
줄무늬	[縞模様]	しまもよう
꽃무늬	[花模様]	はなもよう
물방울무늬	[水玉模様]	みずたまもよう
체크무늬	[チェック]	

복식

기성복	[レディーメード]	
맞춤복	[オーダーメード]	
정장	[正装]	せいそう
평상복	[普段着]	ふだんぎ
나들이옷	[よそ行き]	よそゆき
신사복	[紳士服]	しんしふく
여성복	[婦人服]	ふじんふく
아동복	[子供服]	こどもふく
일본전통옷	[和服]	わふく
양복	[スーツ]	
바지	[ズボン]	
치마, 스커트	[スカート]	
윗도리	[上衣]	うわぎ
셔츠	[シャツ]	
외투	[外套]	がいとう
코트	[コート]	
스웨터	[セーター]	
비옷	[レインコート]	
겉옷	[上着]	うわぎ
속옷, 내의	[下着]	したぎ
잠옷	[寝巻き]	ねまき
파자마	[パジャマ]	
에프란	[エプロン]	
벨트, 허리띠	[ベルト]	
넥타이	[ネクタイ]	

신발, 신	[履物]	はきもの
구두	[靴]	くつ
슬리퍼	[スリッパ]	
샌들	[サンダル]	
스니커	[スニーカー]	
부츠	[ブーツ]	
안경	[メガネ]	
양말	[靴下]	くつした
스타킹	[ストッキング]	
장갑	[手袋]	てぶくろ
머플러	[マフラー]	
모자	[帽子]	ぼうし
손수건	[ハンカチ]	
액세서리	[アクセサリー]	
반지	[指輪]	ゆびわ
귀걸이	[イヤリング]	
목걸이	[ネックレス]	
브로치	[ブローチ]	
팔찌	[ブレスレット]	
가발	[かつら]	
우산	[傘]	かさ
양산	[日傘]	ひがさ
가방	[カバン]	
지갑	[財布]	さいふ

화장과 청결

화장	[化粧]	けしょう
청결	[清潔]	せいけつ
화장품	[化粧品]	けしょうひん
화장수	[化粧水]	けしょうすい
로션	[ローション]	
립스틱	[口紅]	くちべに
드라이어	[ドライヤー]	
면도, 면도기	[髭剃り]	ひげそり
손톱깎이	[爪切り]	つめきり
귀이개	[耳かき]	みみかき
빗	[櫛]	くし
칫솔	[歯ブラシ]	はブラシ

치약	[歯磨き粉]	はみがきこ
비누	[石鹸]	せっけん
샴푸	[シャンプー]	
린스	[リンス]	
수건	[手拭い]	てぬぐい
타월	[タオル]	
세수	[洗面]	せんめん
목욕	[入浴]	にゅうよく
양치질	[歯磨き]	はみがき
이발소	[理髪店]	りはつてん
미장원	[美容院]	びよういん
파마	[パーマ]	
컷, 커트	[カット]	
머리를 말다	[セット]	

02 먹는 것

음식 전반

요리	[料理]	りょうり
영양	[栄養]	えいよう
음식	[食べ物]	たべもの
음주	[飲酒]	いんしゅ
금주	[禁酒]	きんしゅ
과음	[飲み過ぎ]	のみすぎ
과식	[食べ過ぎ]	たべすぎ
포식	[飽食]	ほうしょく
폭주, 폭음	[暴飲]	ぼういん
숙취	[二日酔い]	ふつかよい
대식가	[大食い]	おおぐい
소식	[小食]	しょうしょく

식사와 외식

식사	[食事]	しょくじ
외식	[外食]	がいしょく
곱빼기	[大盛り]	おおもり
각자부담	[割り勘]	わりかん
한식	[韓国食]	かんこくしょく
일식	[日本食]	にほんしょく
양식	[洋食]	ようしょく

중국식	[中華料理] ちゅうかりょうり
정식	[定食] ていしょく
메뉴	[メニュー]
식단	[献立] こんだて
물수건	[おしぼり]
아침	[朝食] ちょうしょく
점심	[昼食] ちゅうしょく
저녁	[夕食] ゆうしょく
간식	[お八つ] おやつ
밤참	[夜食] やしょく
식당	[食堂] しょくどう
레스토랑	[レストラン]
선술집	[居酒屋] いざかや

요리 일반

주식	[主食] しゅしょく
부식	[副食] ふくしょく
반찬	[おかず]
밥	[ご飯] ごはん
도시락	[弁当] べんとう
팥밥	[赤飯] せきはん
떡	[餅] もち
죽	[粥] かゆ
국, 국 종류	[汁物] しるもの
빵	[パン]
식빵	[食パン] しょくパン
국물	[汁] しる

일본요리

회	[刺身] さしみ
주먹밥	[おにぎり]
초밥	[寿司] すし
된장국	[味噌汁] みそしる
튀김	[天ぷら] てんぷら
덮밥	[丼] どんぶり
쇠고기덮밥	[牛丼] ぎゅうどん
튀김덮밥	[天丼] てんどん
장어덮밥	[うなぎ丼] うなぎどんぶり

샤부샤부	[シャブシャブ]
스키야키	[スキヤキ]
우동	[うどん]
메밀국수	[かけそば]
볶음국수	[焼きそば] やきそば
단무지	[たくわん]
야채절임	[漬物] つけもの
어묵	[おでん]
돈가스	[トンカツ]
라면	[ラーメン]

서양요리

카레라이스	[カレーライス]
스파게티	[スパゲッティ]
피자	[ピザ]
샌드위치	[サンドイッチ]
샐러드	[サラダ]
햄버거	[ハンバーガー]
바비큐	[バーベキュー]

디저트와 과자류

디저트	[デザート]
과자	[菓子] かし
케이크	[ケーキ]
핫도그	[ホットドッグ]
아이스크림	[アイスクリーム]
셔벗	[シャーベット]
젤리	[ゼリー]
쿠키	[クッキー]
비스킷	[ビスケット]
도넛	[ドーナツ]
카스텔라	[カステラ]
푸딩	[プリン]
초콜릿	[チョコレート]

음료

마실 것	[飲み物] のみもの
음료수	[飲料水] いんりょうすい

얼음	[氷] こおり
물	[水] みず
찬물	[お冷] おひや
더운물	[お湯] おゆ
차	[お茶] おちゃ
보리차	[麦茶] むぎちゃ
홍차	[紅茶] こうちゃ
우유	[牛乳] ぎゅうにゅう
커피	[コーヒー]
주스	[ジュース]
콜라	[コーラ]
사이다	[サイダー]

주류

술	[酒] さけ
약주	[お酒] おさけ
맥주	[ビール]
생맥주	[生ビール] なまビール
병맥주	[瓶ビール] びんビール
소주	[焼酎] しょうちゅう
청주	[日本酒] にほんしゅ
샴페인	[シャンパン]
와인	[ワイン]
안주	[酒の肴] さけのさかな
건배	[乾杯] かんぱい
술고래	[上戸] じょうご

식재료

식료품	[食料品] しょくりょうひん
고기	[肉] にく
쇠고기	[牛肉] ぎゅうにく
돼지고기	[豚肉] ぶたにく
명란	[明太子] めんたいこ
닭고기	[鶏・鳥肉] とりにく
달걀, 알	[卵・玉子] たまご
두부	[豆腐] とうふ
버터	[バター]
치즈	[チーズ]

통조림	[缶詰] かんづめ
밀가루	[小麦粉] こむぎこ
잼	[ジャム]
꿀	[蜂蜜] はちみつ
엿	[飴] あめ

조미료

조미료	[調味料] ちょうみりょう
깨	[ごま]
식초, 초	[酢] す
후추	[コショウ]
설탕	[砂糖] さとう
소금	[塩] しお
장, 간장	[醤油] しょうゆ
된장	[味噌] みそ
기름	[油] あぶら
겨자	[芥子] からし
고추냉이	[わさび]

조리법

조리	[調理] ちょうり
구이	[焼き物] やきもの
튀김	[揚げ物] あげもの
날것	[なま物] なまもの
맛냄	[味つけ] あじつけ
맛봄	[味見] あじみ
인스턴트	[インスタント]
볶다	[炒める] いためる
찌다	[蒸す] むす
	[蒸かす] ふかす
데치다	[湯がく] ゆがく
굽다	[焼く] やく
튀기다	[揚げる] あげる
끓이다	[煮る] にる
삶다	[茹でる] ゆでる
푹 끓이다	[煮込む] にこむ
조리다	[煮付ける] につける
맛보다	[味見する] あじみする

맛

맛	[味] あじ
식욕	[食欲] しょくよく
단맛	[甘み] あまみ
쓴맛	[苦味] にがみ
간	[塩加減] しおかげん
신맛	[酸味] さんみ

맛을 나타내는 형용사

맛있다	[美味しい] おいしい
맛없다	[まずい]
싱겁다	[味が薄い] あじがうすい
진하다	[味が濃い] あじがこい
맵다	[辛い] からい
짜다	[塩辛い] しおからい
달다	[甘い] あまい
시다	[酸っぱい] すっぱい
쓰다	[苦い] にがい
떫다	[渋い] しぶい
느끼하다	[脂っこい] あぶらっこい
향기롭다	[芳ばしい] こうばしい
구수하다	[風味がよい] ふうみがよい
비리다	[生臭い] なまぐさい

03 주거

주거 전반

집	[家] いえ
주택	[住宅] じゅうたく
주거	[住居] じゅうきょ
댁	[お宅] おたく
부동산소개소	[不動産屋] ふどうさんや
맨션, 아파트	[マンション]
연립주택	[アパート]
사택	[社宅] しゃたく
단독주택	[一戸建て] いっこだて
지하	[地下] ちか
이사	[引越し] ひっこし

임대	[賃貸] ちんたい
집세	[家賃] やちん
셋집	[借家] しゃくや
집주인	[大家] おおや

주거의 구조

양실	[洋室] ようしつ
다다미방	[和室] わしつ
원룸	[ワンルーム]
방	[部屋] へや
서재	[書斎] しょさい
거실	[居間] いま
침실	[寝室] しんしつ
화장실	[トイレ]
욕실	[浴室] よくしつ
샤워	[シャワー]
부엌	[台所] だいどころ
싱크대	[流し台] ながしだい
현관	[玄関] げんかん
입구	[入口] いりぐち
출구	[出口] でぐち
복도	[廊下] ろうか
창, 창문	[窓] まど
문	[ドア]
계단	[階段] かいだん
지붕	[屋根] やね
담	[塀] へい
벽	[壁] かべ
마당	[庭] にわ
바닥	[床] ゆか
수도	[水道] すいどう
가스	[ガス]
전기	[電気] でんき

가구와 세간

가구	[家具] かぐ
의자	[椅子] いす
책상	[机] つくえ

책장	[本棚] ほんだな	
식탁	[食卓] しょくたく	
테이블	[テーブル]	
거울	[鏡] かがみ	
카펫	[カーペット]	
커튼	[カーテン]	
소파	[ソファ]	
쿠션	[クッション]	

가전류

가전제품	[家電製品] かでんせいひん
냉장고	[冷蔵庫] れいぞうこ
전자레인지	[電子レンジ] でんしレンジ
가스레인지	[ガステーブル]
전기밥솥	[電気釜] でんきがま
토스터기	[トースター]
청소기	[掃除機] そうじき
세탁기	[洗濯機] せんたくき
다리미	[アイロン]
라디오	[ラジオ]
텔레비전	[テレビ]
비디오	[ビデオ]
시계	[時計] とけい
카메라	[カメラ]
전구	[電球] でんきゅう
전등	[電灯] でんとう
스위치	[スイッチ]
전원	[電源] でんげん
콘센트	[コンセント]
건전지	[乾電池] かんでんち

냉난방

난방	[暖房] だんぼう
냉방	[冷房] れいぼう
에어컨	[エアコン]
난로	[ストーブ]
선풍기	[扇風機] せんぷうき
부채	[団扇] うちわ

침구류

침대	[ベッド]
침구	[寝具] しんぐ
이불	[布団] ふとん
담요	[毛布] もうふ
베개	[枕] まくら
시트	[シーツ]

가사와 부엌용품

그릇	[器] うつわ
식기	[食器] しょっき
가마솥	[釜] かま
냄비	[なべ]
프라이팬	[フライパン]
숟가락	[スプーン]
젓가락	[箸] はし
포크	[フォーク]
접시	[皿] さら
글라스	[グラス]
컵	[コップ]
쟁반	[盆] ぼん
나이프	[ナイフ]
식칼	[包丁] ほうちょう
도마	[まな板] まないた
밥그릇	[茶碗] ちゃわん
주전자	[やかん]
이쑤시개	[ようじ]
병따개	[栓抜き] せんぬき
비	[ほうき]
쓰레받기	[ちりとり]
걸레	[雑巾] ぞうきん
세제	[洗剤] せんざい
행주	[布巾] ふきん
휴지	[ちり紙] ちりがみ
화장지	[トイレットペーパー]
쓰레기통	[ゴミ箱] ゴミばこ
솔	[ブラシ]
대야	[たらい]

04 가족과 인간관계

가족

사람	[人] ひと
인간	[人間] にんげん
자기	[自分] じぶん
자신	[自身] じしん
남, 타인	[他人] たにん
조상	[祖先] そせん
선조	[先祖] せんぞ
친척	[親戚] しんせき
집안	[身内] みうち
처자	[妻子] さいし
친정	[実家] じっか
시댁	[婚家] こんか
가정	[家庭] かてい

친족관계

가족, 식구	[家族] かぞく
부부	[夫婦] ふうふ
남편	[夫] おっと
	[主人] しゅじん
아내	[妻] つま
집사람	[家内] かない
맏이	[長子] ちょうし
막내	[末っ子] すえっこ
외동아들	[一人息子] ひとりむすこ
외동딸	[一人娘] ひとりむすめ
형제	[兄弟] きょうだい
자매	[姉妹] しまい
부모	[両親] りょうしん
	[父母] ふぼ
아버지	[父] ちち
어머니	[母] はは
아빠	[お父ちゃん] おとうちゃん
엄마	[お母ちゃん] おかあちゃん
할아버지	[お爺さん] おじいさん
	[祖父] そふ

할머니	[お婆さん] おばあさん
	[祖母] そぼ
누나	[姉] あね
형	[兄] あに
누님	[お姉さん] おねえさん
형님	[お兄さん] おにいさん
언니	[姉] あね
오빠	[兄] あに
동생	[妹] いもうと
	[弟] おとうと
여동생	[妹] いもうと
남동생	[弟] おとうと
며느리	[嫁] よめ
사위	[婿] むこ
손자	[孫] まご
손녀	[孫娘] まごむすめ
남조카	[甥] おい
여조카	[姪] めい
고모	[叔母・伯母] おば
이모	[叔母・伯母] おば
사촌	[いとこ]
삼촌	[叔父] おじ
숙모	[叔母] おば
아저씨	[おじさん]
아주머니	[おばさん]
딸	[娘] むすめ
아들	[息子] むすこ
따님	[娘さん] むすめさん
아드님	[息子さん] むすこさん

교우관계

애인	[恋人] こいびと
친구	[友達] ともだち
벗	[友] とも
동갑	[同じ年] おなじとし
이웃	[隣] となり
아는 사람	[知合い] しりあい
아기, 애기	[赤ちゃん] あかちゃん

꼬마	[ちびっ子] ちびっこ	생일	[誕生日] たんじょうび
아이, 애	[子供] こども	생신	[お誕生日] おたんじょうび
어린이	[子供] こども	청춘	[青春] せいしゅん
소년	[少年] しょうねん	환갑	[還暦] かんれき
소녀	[少女] しょうじょ	삶	[人生] じんせい
청년	[青年] せいねん	일생	[一生] いっしょう
청소년	[青少年] せいしょうねん	중매인	[仲人] なこうど
중년	[中年] ちゅうねん	맞선	[お見合い] おみあい
성인	[成人] せいじん	연애	[恋愛] れんあい
어른	[大人] おとな	약혼자	[婚約者] こんやくしゃ
노인	[老人] ろうじん	첫사랑	[初恋] はつこい
젊은이	[若者] わかもの	짝사랑	[片思い] かたおもい
남녀	[男女] だんじょ	결혼반지	[結婚指輪] けっこんゆびわ
남자	[男] おとこ	결혼식	[結婚式] けっこんしき
여자	[女] おんな	예식장	[結婚式場] けっこんしきじょう
여성	[女性] じょせい	피로연	[披露宴] ひろうえん
남성	[男性] だんせい	신혼여행	[新婚旅行] しんこんりょこう
사모님	[奥様] おくさま	신부	[新婦] しんぷ
부인	[夫人・婦人] ふじん	신랑	[新郎] しんろう
사나이	[男] おとこ	미혼	[未婚] みこん
아가씨	[お嬢さん] おじょうさん	기혼	[既婚] きこん
상대	[相手] あいて	이혼	[離婚] りこん
상대방	[相手方] あいてがた	재혼	[再婚] さいこん
본인	[本人] ほんにん	만남	[出会い] であい
당사자	[当事者] とうじしゃ	이별	[別れ] わかれ
여러분	[皆さん] みなさん	장례식	[葬式] そうしき
		무덤, 묘	[墓] はか
		화장	[火葬] かそう
		매장	[埋葬] まいそう
		상중	[喪中] もちゅう
		고인	[故人] こじん

인생과 결혼

인생	[人生] じんせい
결혼	[結婚] けっこん
출생	[出生] しゅっせい
탄생	[誕生] たんじょう
성명	[姓名] せいめい
이름	[名前] なまえ
성함	[お名前] おなまえ
나이	[年] とし
	[年齢] ねんれい
연세	[お年] おとし

05 동물

동물 전반

생물	[生物] せいぶつ
동물	[動物] どうぶつ
가축	[家畜] かちく

어미	[母親] ははおや
암컷	[雌] めす
수컷	[雄] おす
꼬리	[尻尾] しっぽ
날개	[羽] はね

동물

개	[犬] いぬ
강아지	[子犬] こいぬ
돼지	[豚] ぶた
고양이	[猫] ねこ
호랑이	[虎] とら
사자	[ライオン]
곰	[熊] くま
코끼리	[象] ぞう
소	[牛] うし
송아지	[子牛] こうし
여우	[ギツネ]
말	[馬] うま
원숭이	[猿] さる
양	[羊] ひつじ
토끼	[ウサギ]
염소	[ヤギ]
쥐	[ネズミ]
사슴	[鹿] しか
기린	[キリン]
고릴라	[ゴリラ]
침팬지	[チンパンジー]
고래	[クジラ]
상어	[サメ]

새

새	[鳥] とり
닭	[ニワトリ]
까마귀	[カラス]
까치	[カササギ]
오리	[鴨] かも
집오리	[アヒル]

매	[タカ]
독수리	[ワシ]
학	[鶴] つる
비둘기	[鳩] はと

곤충

곤충	[昆虫] こんちゅう
벌레	[虫] むし
벌	[ハチ]
개미	[アリ]
파리	[ハエ]
모기	[カ]
나비	[チョウ]
잠자리	[トンボ]
매미	[セミ]
거미	[クモ]
바퀴벌레	[ゴキブリ]
반딧불	[ホタル]

파충류

개구리	[蛙] かえる
뱀	[蛇] へび
거북이	[亀] かめ
자라	[スッポン]

어류

물고기	[魚] さかな
열대어	[熱帯魚] ねったいぎょ
전갱이	[アジ]
가다랭이	[カツオ]
참치	[マグロ]
붕장어	[アナゴ]
복어	[フグ]
가오리	[エイ]
가자미	[カレイ]
멸치	[かたくちいわし]
대구	[タラ]
명태	[スケトウダラ]

	[明太] めんたい
고등어	[サバ]
꽁치	[サンマ]
연어	[サケ]
넙치	[ヒラメ]
정어리	[イワシ]
도미	[タイ]
뱀장어	[ウナギ]
금붕어	[金魚] きんぎょ
잉어	[鯉] こい
은어	[鮎] あゆ

패류

조개	[貝] かい
모시조개	[アサリ]
바지락조개	[シジミ]
가리비조개	[ホタテ]
대합	[ハマグリ]
전복	[アワビ]
굴	[牡蠣] かき
소라	[サザエ]
새우	[海老] えび
게	[カニ]
오징어	[イカ]
낙지	[タコ]

06 식물

식물 전반

식물	[植物] しょくぶつ
작물	[作物] さくもつ
씨	[種] たね
열매	[実] み
싹	[芽] め
잎	[葉] は
뿌리	[根] ね
줄기	[茎] くき
낙엽	[落ち葉] おちば

단풍	[紅葉] もみじ・こうよう
가지	[枝] えだ
가시	[棘] とげ
꽃	[花] はな
꽃봉오리	[蕾] つぼみ
꽃잎	[花びら] はなびら

나무와 꽃

나무	[木] き
풀	[草] くさ
장미	[バラ]
동백	[椿] つばき
벚꽃	[桜] さくら
국화	[菊] きく
매화	[梅] うめ
철쭉	[ツツジ]
민들레	[タンポポ]
해바라기	[向日葵] ひまわり
난초, 난	[蘭] らん
백합	[百合] ゆり
코스모스	[コスモス]
카네이션	[カーネーション]
튤립	[チューリップ]
버드나무	[柳] やなぎ
소나무	[松] まつ
대나무	[竹] たけ
삼나무	[杉] すぎ
단풍나무	[楓] かえで
잔디	[芝] しば
야자	[ヤシ]

야채

야채	[野菜] やさい
고구마	[サツマイモ]
감자	[じゃが芋] じゃがいも
오이	[キュウリ]
무	[大根] だいこん
배추	[白菜] はくさい

양배추	[キャベツ]
레터스	[レタス]
피망	[ピーマン]
시금치	[ほうれん草] ほうれんそう
가지	[茄子] なす
옥수수	[トウモロコシ]
당근	[ニンジン]
인삼	[高麗人参] こうらいにんじん
토마토	[トマト]
콩나물	[大豆モヤシ] だいずモヤシ
숙주	[モヤシ]
부추	[ニラ]
버섯	[キノコ]
파	[長ネギ] ながネギ
양파	[玉ネギ] たまネギ
마늘	[ニンニク]
고추	[唐辛子] とうがらし
생강	[生姜] しょうが

과일

과일	[果物] くだもの
귤	[ミカン]
사과	[リンゴ]
딸기	[イチゴ]
포도	[ブドウ]
수박	[スイカ]
감	[柿] かき
복숭아	[桃] もも
참외	[まくわ瓜] まくわうり
배	[梨] なし
오렌지	[オレンジ]
멜론	[メロン]
바나나	[バナナ]
파인애플	[パイナップル]
키위	[キウィ]
레몬	[レモン]
체리	[さくらんぼ]

견과류

밤	[栗] くり
땅콩	[ピーナッツ]
호두	[クルミ]
잣	[松の実] まつのみ

곡물

곡식	[穀物] こくもつ
잡곡	[雑穀] ざっこく
누룩	[麹] こうじ
쌀	[米] こめ
현미	[玄米] げんまい
찹쌀	[もち米] もちごめ
벼	[稲] いね
보리	[麦] むぎ
밀	[小麦] こむぎ
메밀	[ソバ]
콩	[豆] まめ
검정콩	[黒豆] くろまめ
완두	[エンドウ]
팥	[小豆] あずき
조	[粟] あわ

바다식물

해초	[海草] かいそう
해조	[海藻] かいそう
미역	[若布] わかめ
다시마	[昆布] こんぶ
김	[海苔] のり